見るだけでうまくなる!

ソフトテニスの基礎

The BASIC of SOFTTENNIS

著 高橋 茂
清明学園中学校
ソフトテニス部監督

ベースボール・マガジン社

はじめに

2人で1本がソフトテニスの醍醐味

ソフトテニスというと、中学校の部活動を思い浮かべる人も多いと思います。今も昔も中学校におけるソフトテニスの人気は高く、多くの少年少女がソフトテニスを楽しんでいます。昨今では部活動の枠を飛び越え、高校、大学、社会人とソフトテニスを続けられる環境が整ってきました。2019年4月には船水颯人選手が日本初のプロ選手として活動をはじめるなど、とても夢のある競技となってきています。

ソフトテニスの上達を目指す読者のみなさんに声を大にして言いたいのは、「ソフトテニスを楽しみましょう！」ということです。ソフトテニスに限らず、スポーツも勉強もまず好きになることが大切です。好きになれば向上心が生まれ、何事にも自分から進んで取り組むことができるようになります。

そしてもう一つ、ソフトテニスを通して感じてもらいたいのが、“2人で１本”というソフトテニスの醍醐味です。ソフトテニスの基本は２人１組のダブルスです。ペアへの思いやりや配慮はもちろん、２人で助け合って困難を乗り切る経験は、ソフトテニスだからこそ得られるものだと思います。

ソフトテニスを愛し、ペアを大切にして、ぜひ長く継続していっていただければこれほどうれしいことはありません。

清明学園中学校ソフトテニス部監督　**高橋 茂**

この本の使い方

ねらい

そのページの解説内容を習得する目的です。

タイトル

そのページで解説しているワザや練習の名前です。

ワザと練習の解説

写真やコート図を交えて、ワザやその練習の手順、内容を解説します。

こんなイメージ

解説だけでは伝わりにくい動きを補足します。

これはNG

そのワザや練習をするときにありがちなミスを伝えます。

この本は、主に中学校・高校の部活動で
ソフトテニスに取り組んでいる方に向けた本です。
入門者、初心者が覚えておきたいワザやその練習方法、戦型などを
写真と図で解説しています。

Chapter 2 基本の動きと戦術

コーチからのアドバイス

アンダーストロークは打点の低いボールを打ち返す技術です。試合では、ネット際に打たれたボールをひろうときなどに使用します。ヒザをやわらかく使って腰を落とし、肩、ヒジ、手首の３関節をしなやかに連動させてインパクトにつなげます。

3 インパクト

低い球に対してラケットヘッドをグリップより下にして、縦面でボールをとらえる。

4 フォロースルー

縦面でとらえたボールを、下から上にラケットを振り上げるようにして打つ。

ワンランクアップ

縦面でとらえる感覚をやしなう

ネット前で練習すると、ボールを縦面でとらえる感覚や、コンパクトなスイングが身につく。

027

コーチからのアドバイス

そのワザや練習がどんなものなのか、それによってどんな効果があるのかを解説しています。

ワンランクアップ

さらに一歩、踏み込んだものを紹介します。

CONTENTS

はじめに …… 2
この本の使い方 …… 4

Chapter 1
練習を始める前に …… 9

01 ソフトテニスの用具 …… 10
02 ラケットの握り方 …… 12
03 ソフトテニスのコート …… 14

Chapter 2
基本の動きと技術 …… 15

01 ラケットとボールに慣れる① …… 16
02 ラケットとボールに慣れる② …… 18
03 パワーポジション（待球姿勢） …… 20
04 フットワーク …… 22
05 グラウンドストロークの種類 …… 24
06 フォアハンド・アンダーストローク …… 26
07 フォアハンド・サイドストローク …… 28
08 フォアハンド・トップストローク …… 30
09 バックハンド・アンダーストローク …… 32
10 バックハンド・サイドストローク① …… 34
11 バックハンド・サイドストローク② …… 36
12 サービス（トス） …… 38
13 サービス …… 40
14 レシーブ …… 42

Column 1
まずはソフトテニスを好きになろう …… 44

Chapter

3

攻撃ワザの練習メニュー 47

01 ライジング 48
02 攻撃ロブ 50
03 正面ボレー 52
04 スイングボレー 54
05 スマッシュ 56
06 ジャンピング・スマッシュ 58
07 回り込みストローク 60
08 サービスエース 62
09 ランニングボレー 64
10 サイドアタック 66
11 ツイスト(カット) 68
12 ドライブ(ドライブ) 70
13 カウンター 72
14 ボレーツイスト 74

Column 2
うまくなる人は言い訳をしない 76

Chapter

4

守備ワザの練習メニュー 79

01 ロビング 80
02 カットストローク 82
03 ディフェンスボレー 84
04 ディフェンスランニングボレー 86
05 ディフェンスショートボール①
ジャンプショット 88
06 ディフェンスショートボール②
逆足でインパクト 90
07 ディフェンスショートボール③
沈んでインパクト 92
08 ディフェンスストローク①
モーグルステップ 94
09 ディフェンスストローク②
スプリットリカバリーショット 96
10 ディフェンスストローク③
ペンギンストローク 98
11 ディフェンスレシーブ 100

Column 3
自分で考えて行動することの大事さ 102

CONTENTS

Chapter 5

基本戦術の練習メニュー …… 105

01 後衛サービスからの攻撃① …… 106
02 後衛サービスからの攻撃② …… 107
03 後衛サービスからの攻撃③ …… 108
04 前衛サービスからの攻撃① …… 109
05 前衛サービスからの攻撃② …… 110
06 前衛サービスからの攻撃③ …… 111
07 後衛レシーブからの攻撃① …… 112
08 後衛レシーブからの攻撃② …… 113
09 後衛レシーブからの攻撃③ …… 114
10 前衛レシーブからの攻撃① …… 115
11 前衛レシーブからの攻撃② …… 116
12 前衛レシーブからの攻撃③ …… 117
13 流し方向からの攻撃 …… 118
14 カバーリング力アップ …… 120
15 1人で攻撃 …… 122
16 カット …… 124

Column 4
目標に具体性を持とう …… 126

Chapter 6

脱初心者のツボ フットワーク強化 …… 129

01 フットワーク強化① サービスラインとの往復 …… 130
02 フットワーク強化② クロスステップ …… 132
03 フットワーク強化③ スクワット …… 134
04 フットワーク強化④ アンクルホップ …… 136
05 フットワーク強化⑤ ヘアピンショット …… 138
06 フットワーク強化⑥ コーンジャンプ …… 140
07 フットワーク強化⑦ コーン1周 …… 142

Column 5
自分のサービス確率を知っていますか? …… 144

おわりに …… 148
著者紹介 …… 149

Chapter

1

練習を始める前に

ソフトテニスに使う道具や場所について知ろう。
活躍する選手たちも、まずはここから学んだはずだ。

ねらい ▶ 道具の特徴と管理方法を知る

01 ソフトテニスの用具

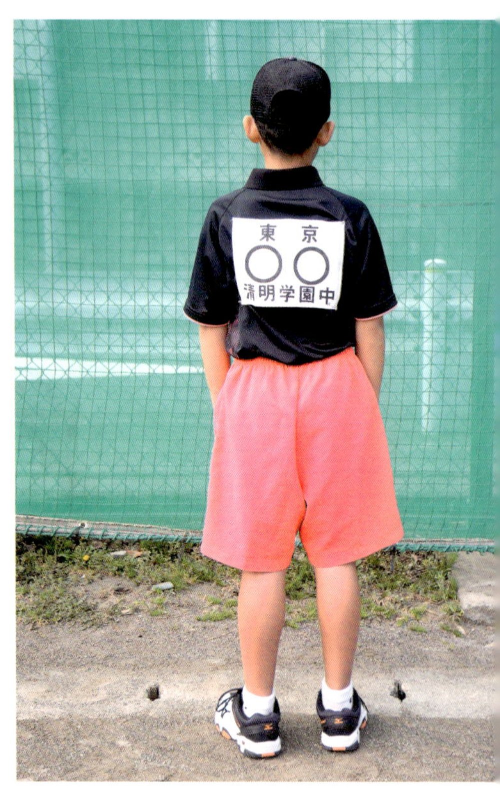

ユニフォーム

上半身はそでとえりのあるゲームシャツ、下半身はヒザより丈の短いパンツ。帽子は日差しが強いときなど必要に応じてかぶる。

ゼッケン

試合に出場するときは背中に所属と名前（写真の丸印）が書かれたゼッケンをつける。

ワンランクアップ

ラケットが濡れたら拭く

ラケットは水気に弱く、雨の影響でストリングやグリップテープが緩むことがある。練習後はタオルなどでラケットを拭く。

ソフトテニスの用具は主に「ユニフォーム」「ラケット」「シューズ」の３点があります。それぞれの特徴を知ることは選手としての成長を助けます。とくに道具の管理はスポーツ選手の必須事項でもあるので、キチンと理解しておきましょう。

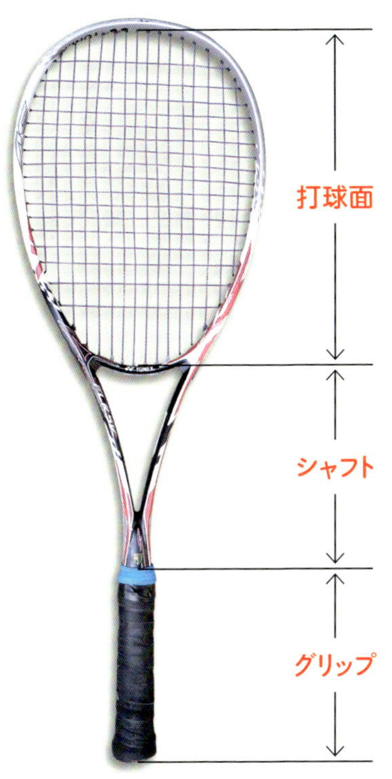

ラケット

使用が認められている専用ラケットを使う。グリップにはグリップテープを巻く。

シューズ

コートの材質によって使い分ける。初心者は使用頻度の高いオムニコート用（P14コートの種類参照）を選ぶ。

ワンランクアップ

日陰に置いてストリングの緩みを防ぐ

ラケットのストリングは長時間日光にさらされていると伸びてしまう。日陰において保管しておくと良い。

ねらい ▶ 状況に適した握り方を覚える

02 ラケットの握り方

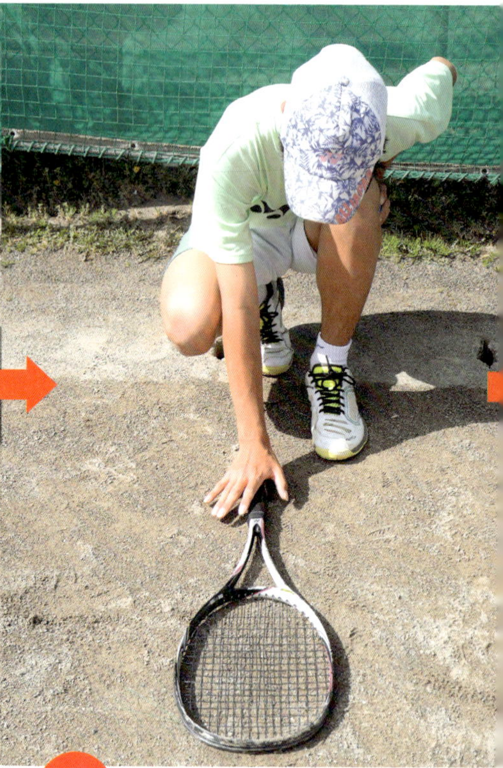

1 打球面に手のひらを置く

ストリングの上で手のひらを大きく開く。

2 グリップまで動かす

開いた手のひらをそのままグリップ部分まで下ろしていく。

ワンランクアップ

セミイースタングリップ

ウエスタンからイースタンへの握り替えは初心者には難しい。イースタンの前にセミイースタンを練習しておくと、違和感なくイースタンへと移れるようになる。

ラケットの握り方には「ウエスタン」「イースタン」「セミイースタン」があります。基本はウエスタンですが、試合ではそれぞれの握り方に適した場面があるので、状況に応じて使い分けられるようにしておきましょう。

3 グリップを握る

上からグリップを握る。強く握ると強打しやすく、人差し指を離すと精度が高まる。

ウエスタングリップ

基本となるウエスタングリップ。ストロークやボレーを打つときに適している。

ワンランクアップ

イースタングリップ

イースタングリップは別名「包丁持ち」とも呼ばれる。サービスやスマッシュを打つときに適している。

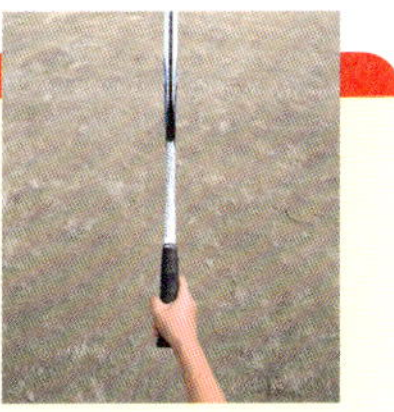

ねらい ▶ コートのサイズ感を理解する

03 ソフトテニスのコート

ソフトテニスのコートは想像よりも細長くできています。コートのサイズをとらえておくと、攻撃においても守備においても正確な判断がしやすくなります。コートの種類によっても戦略が変わるので、理解しておきましょう。

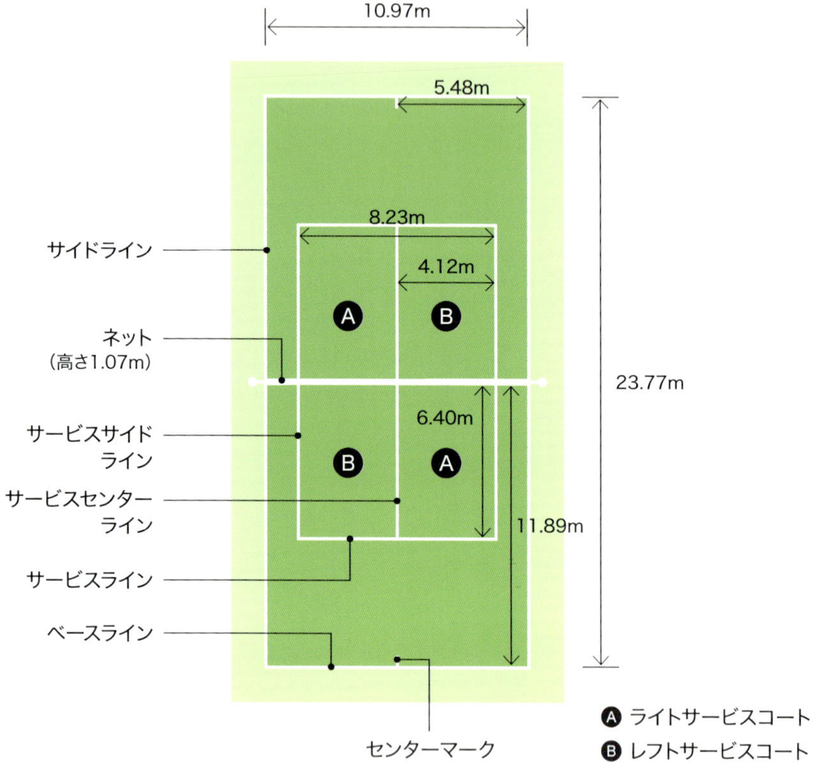

コートの種類

オムニコート	砂がまかれた人工芝のコート。大会でよく使われる。足が滑りやすく、ボールがやや弾みやすい。
クレーコート	学校によくある土のコート。ボールが弾みにくく、スピードが落ちない。
体育館コート	体育館の床につくる、フローリングのコート。足は滑らない。ボールはよく弾み、回転の影響も出やすい。
カーペットコート	人工芝のコート。オムニコートよりも芝が長く砂もないため、滑りにくい。ボールが弾みやすい。
ハードコート	アスファルトの上に特殊な樹脂をのせてあるコート。ボールの勢いを吸収する。ボールの回転の影響を受けやすい。

Chapter

2

基本の動きと技術

どんな試合でも必ず使う、基本の動き方や打ち方を紹介する。
これから学ぶすべてのワザに通している。

ねらい ▶ 楽しみながら実戦感覚を身につける

01 ラケットとボールに慣れる①

ジャグリング

ボールを２つ使ってお手玉をする。一定のリズムで手と空中の間を回転させる。

ボールつき①

ラケットでボールを地面についたり、ラケット上でバウンドさせたりする。

ワンランクアップ

ジャグリング応用編

ボール２つを使ったジャグリングに慣れてきたら、ボールの数を増やす。

ソフトテニス上達の近道は、まずラケットとボールに慣れることです。とくに初心者は、ラケットとボールを触れば触るほどうまくなっていきます。１人でもできるさまざまな練習法を駆使して、楽しみながら実戦の感覚を身につけていきましょう。

ボール つき②

ラケットを持つ手を変えながら、両手で交互にボールをバウンドさせ続ける。

ボール つき③

ラケットを半回転させて、表面と裏面で交互にボールをバウンドさせ続ける。

ワンランクアップ

回転をかけるボールつき

やや斜め上にラケットを切りながらボールをつき、回転をかける。

ねらい ▶ 楽しみながら実戦感覚を身につける

02 ラケットとボールに慣れる②

手テニス

ラケットを持たず、ネットを挟んで素手でボールを打ち合う。

スポンジボールでボレー

スポンジボールを使い、ネットを挟んでボレーを打ち合う。

こんなイメージ

手をラケットに見立てる

手でボールをキャッチするのではなく、ラケットのように打つことを意識。

手テニスや、通常のボールよりもラリーが続きやすいスポンジボールを使った練習は、ボールをとらえる感覚とフットワークの強化に効果があります。ホームラン競争では、ラケットを鋭く振る感覚が身につきます。

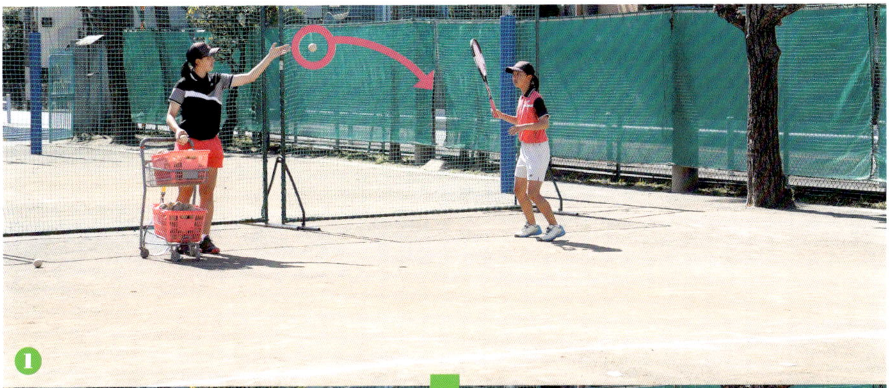

1

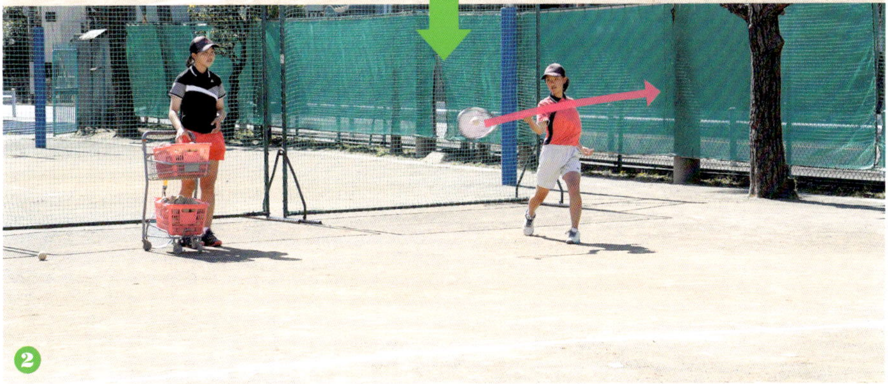

2

ホームラン競争

ベースラインよりも後ろから、相手コートに向かってボールを打ち出す。

とにかく遠くに飛ばす

体を鋭く回して、なるべく遠くに飛ばす意識で行なう。

ねらい ▶ 1歩目の動き出しが速くなる

03 パワーポジション（待球姿勢）

大きな三角形をつくる

足の幅とヒザの幅を広くとり、頭を頂点とした大きな三角形をつくる。

お尻を突き出す

ヒザを曲げてお尻を突き出し、胸を張る。

これはNG

力みすぎている

体に余計な力が入っていると構えが窮屈になってしまいます。肩甲骨を寄せて胸を開き、リラックスして構えると良い。

コーチからのアドバイス

パワーポジション（待球姿勢）とは、四方八方にいつでも動き出すことのできる基本の構えを言います。パワーポジションを維持しておくことでボールに対する動き出しが速くなり、どんなボールがきても素早い１歩目が踏み出せるようになります。

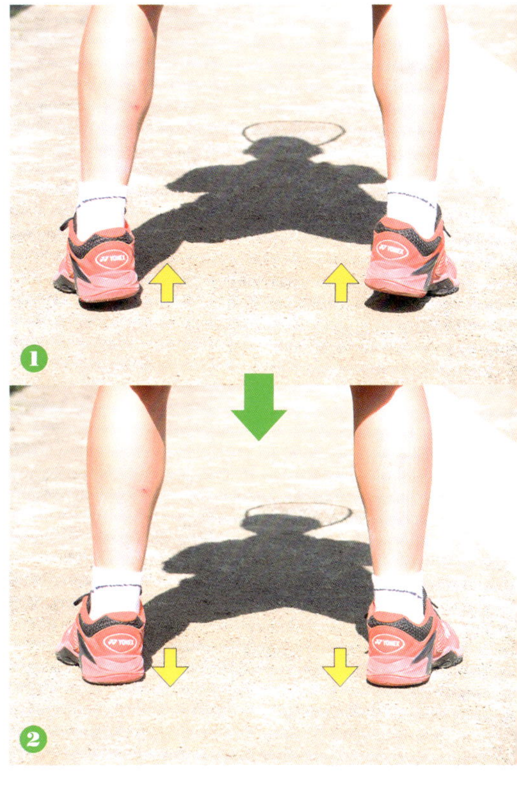

姿勢のキープの練習

左右交互にボールを投げてもらい、姿勢を維持しながら投げ返す。

スプリットステップ

動き出すときは、かかとを上げ、相手のインパクトと同時にカカトを踏む。

ワンランクアップ

トリプルエクステンション

動き出すとき、股関節・膝関節・足関節を伸ばす動作を意識すると、爆発的な力が生まれ、動き出しが早くなる。

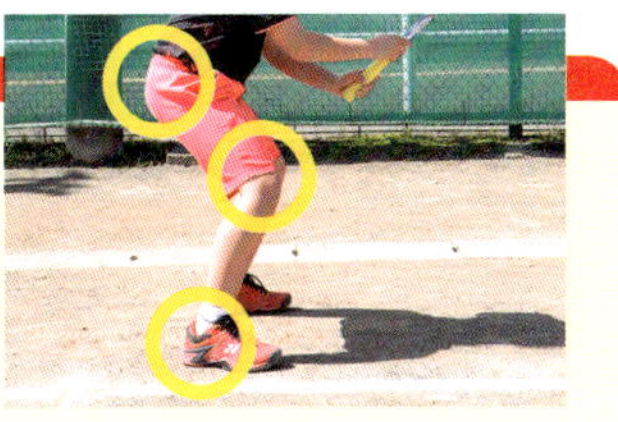

ねらい ▶ ブレのない移動で素早いポジション確保

04

フットワーク

サイドステップ

ボールから目を離さず正面を向いたまま左右に移動する。体の軸がブレないように注意する。

クロスステップ

主にサイドステップでは届かない距離を移動するときに使う。１歩の距離を長くする。

ワンランクアップ

リズムステップ

左右に足を払いながら待ち、相手のインパクトと同時にパワーポジションをとって地面をつかむ。

フットワークには主に「サイドステップ」「クロスステップ」「バッククロスステップ」の３種類があります。それぞれの動きを体に染みこませておくことで、安定した体勢のまま、ボールを返球しやすいポジションまで素早く移動することができます。

バッククロスステップ

動きたい方向と逆の足を、もう片方の足の後ろを通るように踏み出して移動する。

アンクルホップ

ボールを打った後は足首で跳ねてリズムをつくり、エネルギーを出す準備をする。

ワンランクアップ

制限鬼ごっこでフットワーク上達

サイドステップやクロスステップで行なう鬼ごっこは、楽しみながらフットワークを上達させることができる。

ねらい ▶ ボールの打点によって打ち方を変える

05 グラウンドストロークの種類

アンダーストローク

膝程度の高さのボールを打ち返す。

サイドストローク

腰程度の高さにきたボールを打ち返す。

ワンバウンドしたボールを打ち返す技術を総称して「グラウンドストローク」と呼びます。ボールの打点によって「アンダーストローク」「サイドストローク」「トップストローク（トップ打ち）」と名前が変わります。ソフトテニスの基本技術です。

こんなイメージ

アンダーストローク

ラケットヘッドをグリップより下にし、縦面でとらえる。

こんなイメージ

サイドストローク

ラケットをしならせるように使い、横面でとらえる。

こんなイメージ

トップストローク

横面で押し出すようにして打つ。強く速いボールになる。

トップストローク（トップ打ち）

胸から肩程度の高さにきたボールを打ち返す。

ねらい ▶ 打点の低いボールを打ち返す

06 フォアハンド・アンダーストローク

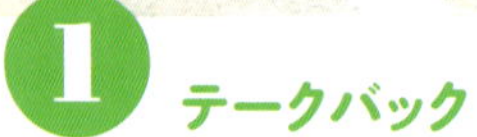

1 テークバック

ヒザをやわらかく使って腰を落とし、ラケットを後方に引き上げる。

2 スイング

上半身は起こし、肩、ヒジ、手首の３関節をしなやかに使いながらスイングする。

こんなイメージ

顔を残してインパクトする

初心者はスイングと同時に顔も回ってしまいがち。顔を残してインパクトする。

これはNG

棒立ちにならない

前足のヒザを110度～ 150度くらいに曲げ、腰を落として打つ。

コーチからのアドバイス

アンダーストロークは打点の低いボールを打ち返す技術です。試合では、ネット際に打たれたボールをひろうときなどに使用します。ヒザをやわらかく使って腰を落とし、肩、ヒジ、手首の３関節をしなやかに連動させてインパクトにつなげます。

3 インパクト

低い球に対してラケットヘッドをグリップより下にして、縦面でボールをとらえる。

4 フォロースルー

縦面でとらえたボールを、下から上にラケットを振り上げるようにして打つ。

ワンランクアップ

縦面でとらえる感覚をやしなう

ネット前で練習すると、ボールを縦面でとらえる感覚や、コンパクトなスイングが身につく。

ねらい ▶ ストロークの基本を理解する

07 フォアハンド・サイドストローク

1 テークバック

ラケットを振り上げながら軸足に体重を乗せる。

2 スイング

重心を軸足から前足に移動させながら、ラケットヘッドを遅らせてグリップから振る。

これはNG

後ろ足を残さない

インパクト後に後ろ足が残っているのは、重心移動ができていない証拠。

コーチからのアドバイス

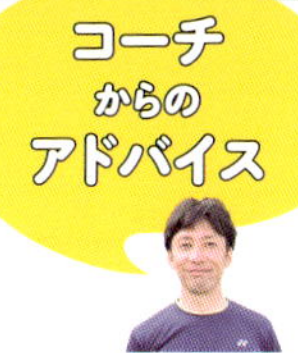

腰あたりの高さにきたボールを打ち返す基本ストロークです。ボールを横面でとらえ、ラケットを地面と平行に振り抜いていきます。軸足のつま先でしっかり地面をつかみ、前足に重心を移動しながら打つのがポイントです。

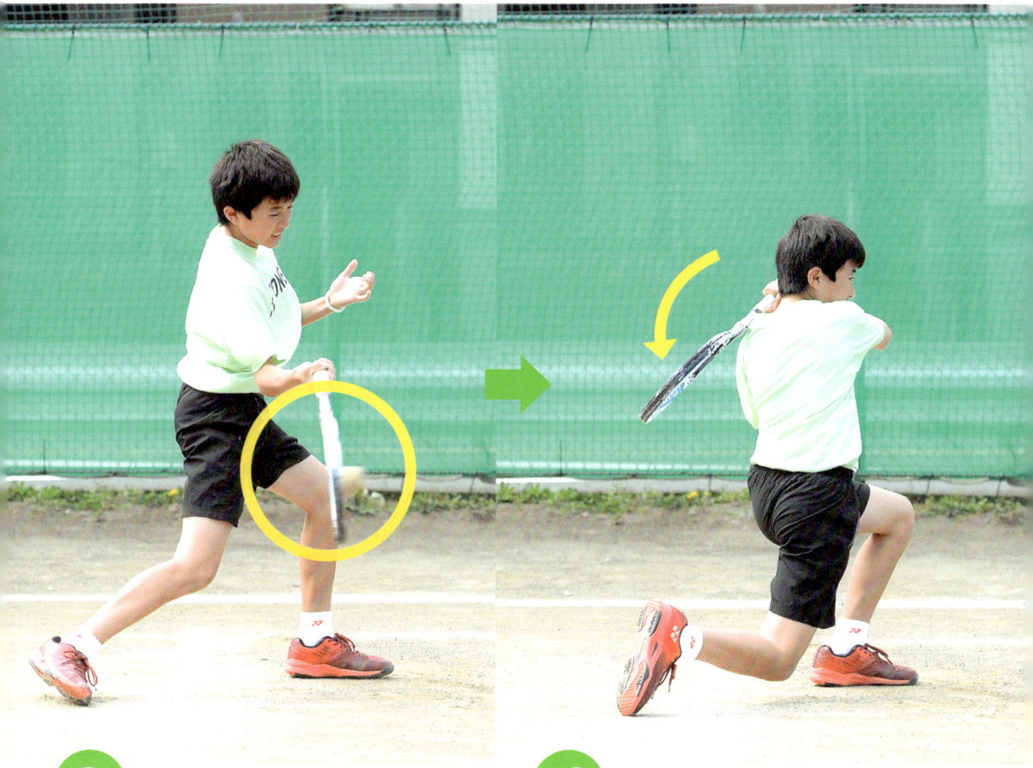

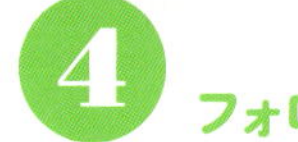

3 インパクト

ヒザをやわらかく使って腰を落とし、ボールを横面でとらえる。

4 フォロースルー

体全体を使って、ラケットを地面と平行に振り抜いていく。

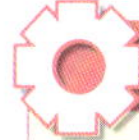

こんなイメージ

軸足が前足を追い越しても良い

インパクト時は軸足で地面をつかむが、その後は軸足が勢いのまま前足を追い越しても良い。

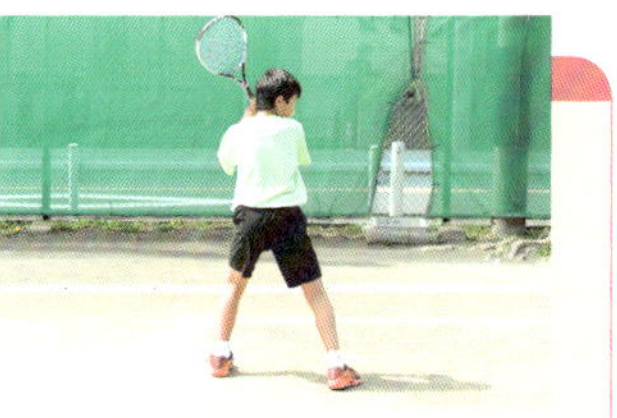

ねらい ▶ 威力のあるボールで得点を奪う

08 フォアハンド・トップストローク

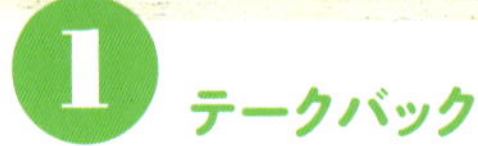

1 テークバック

体近くまでボールをしっかりと引き寄せる。

2 スイング

体を大きく使って後ろから前へと体重移動しながらスイング。

これはNG

体の軸をぶらさない

高いボールを打つときは体が前後に傾きやすい。体まで引き寄せて打つ。

ワンランクアップ

フロントホップステップ

打ち終わった後、その勢いのまま1歩前に跳ねるステップ。自然な動きになる。

コーチからのアドバイス

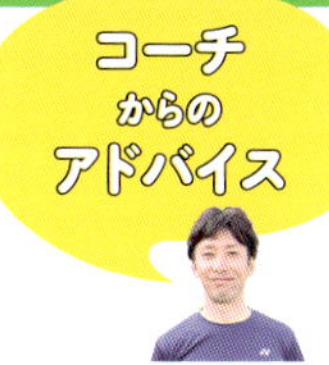

トップストロークは胸から肩の高さにきたボールを打ち返す技術です。高く勢いのないボールなら、トップストロークの力強く速い返球で、得点につなげていきましょう。体を大きく使い、しっかりと後ろから前へ体重移動しながら打ちます。

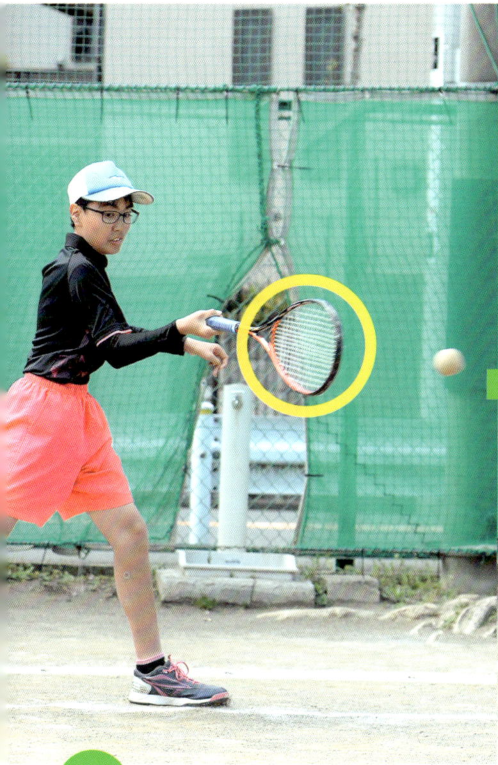

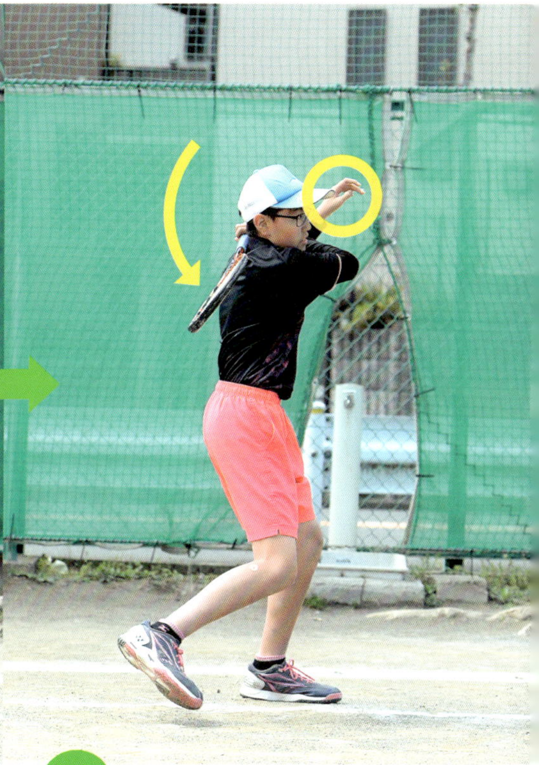

3 インパクト

胸から肩の高さで地面と平行にスイングしながらボールをとらえる。

4 フォロースルー

フォロースルーを高い位置に上げ、左手は上げておく。

ワンランクアップ

ダブルステップ

ボールが跳ねてから打つまでに時間があるとミスしやすい。ダブルステップでリズムをとってボールを打つ。

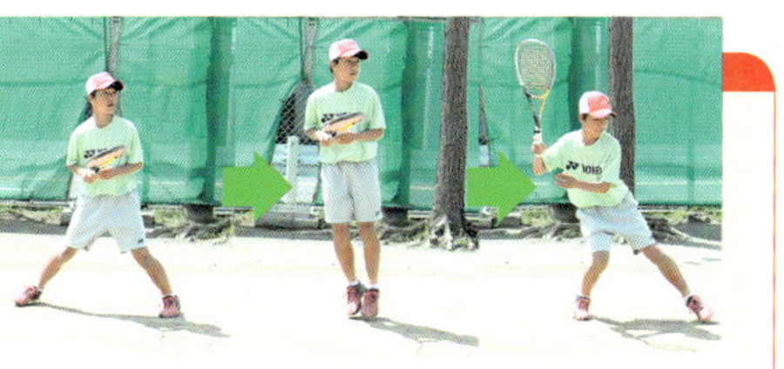

ねらい ▶ 力強いバックハンドを身につける

09 バックハンド・アンダーストローク

1 テークバック

下半身を安定させて、上体をしっかりとひねる。

2 スイング

重心を軸足から前足に移動させながら、ひねった上体を戻しつつスイング。

これはNG

左ヒザと右ヒジが遠い

パワーを生み出すには左ヒザと右ヒジが近づくように体をひねる必要がある。

これはNG

ラケットが下がる

フォロースルーは選手宣誓のイメージで、しっかりと腕を上げる。

コーチからのアドバイス

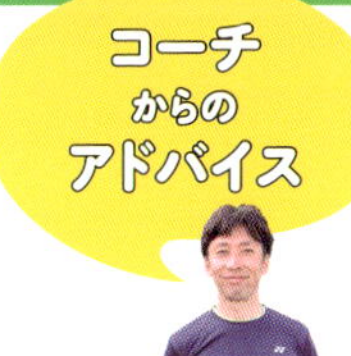

多くの選手が苦手意識を持っているのが、利き手側と反対で打つバックハンドのストロークです。フォアハンドよりも力が入りづらいので、腰の回転を使って体全体でボールを押し出します。フォロースルーではラケットを立てるようにします。

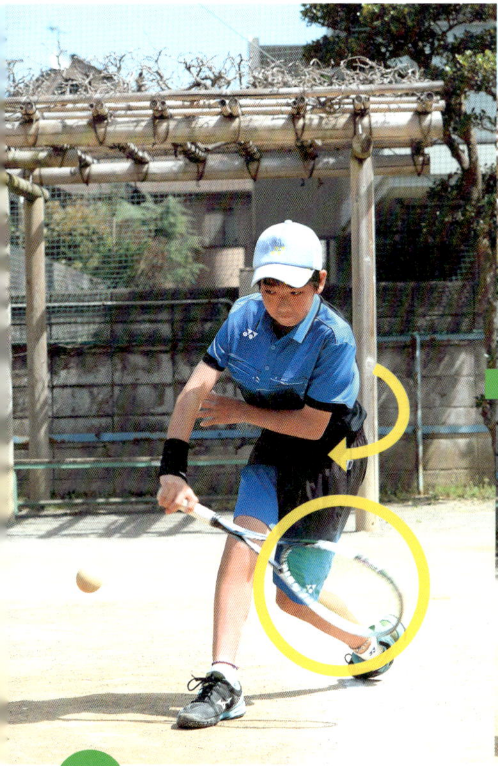

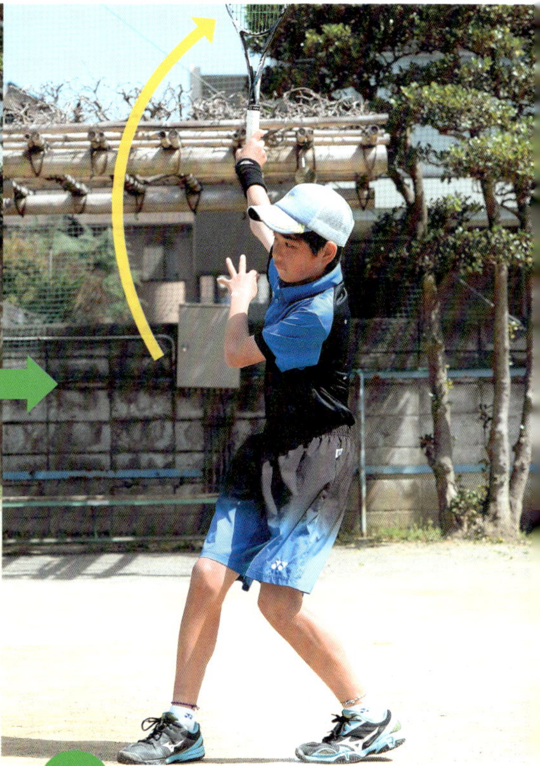

3 インパクト

腰を回転させ、体全体でボールを押し出す。

4 フォロースルー

肩を高い位置に上げるイメージでラケットを振り抜く。

ワンランクアップ

左手でヒジを引っ張る

肩を入れて体をひねる感覚をつかむには、左手で右ヒジを引っ張る。このとき、顔は下を見ずに起こしておく。

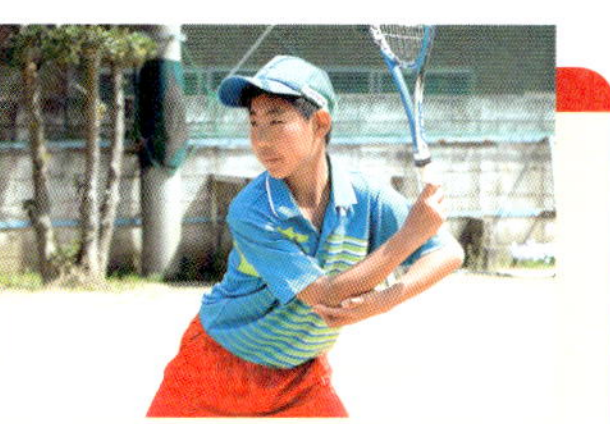

ねらい ▶ 初心者の苦手ショットを克服して差をつける

10 バックハンド・サイドストローク①

1 テークバック

左股関節を閉じて、クロススタンスで前足を斜め45度あたりに踏み出す。

2 スイング

ラケットをわずかに立ててグリップからスイングする。

これはNG

左股関節が開いている

テークバック時は左股関節が開いてしまうと力が込められなくなる。

これはNG

右股関節が開いている

フォロースルー時に右股関節が開いているのは力が右足へ逃げている証拠。

コーチからのアドバイス

バックハンドのサイドストロークはとくに苦手としている人が多い打ち方です。この技術をマスターすることによって、ライバルに差をつけることが可能になります。股関節をうまく使ってボールにパワーを生み出します。

3 インパクト

上体のひねりを戻しながらボールを横面でとらえる。

4 フォロースルー

体が開いて流れてしまわないように、右股関節を閉じる。

ワンランクアップ

肩甲骨を閉じて胸を開く

フォロースルー時は、肩甲骨を狭めるようにすると自然と胸が開く。

ねらい ▶ 2方向への打ち分けで得点力アップ

バックハンド・サイドストローク②

クロスに打つ

ラケットを外側から内側に向かってスイング
する。打点はやや前方に置く。

これはNG

アゴを上げない

インパクトの時は体が流れてしまわない
ように、しっかりとアゴを引いて打つ。

バックから相手のバックへと打つクロスのコースと、バックから相手のフォアへ打つストレートのコースの2つを打ち分け、相手を揺さぶり、得点につなげましょう。スイングの方向を変えると、コースも変わります。

ストレートに打つ

ラケットを内側から外側に向かってスイング。
打点はクロス時よりもやや低く、手前にする。

こんなイメージ

バックのストレートは大きな武器

バックハンドからストレートに打つ技術は難易度が高く、苦手な選手が多い。打ち分けられれば、試合でチャンスが増える。

12

ねらい ▶ 安定したトスアップを手に入れる

サービス（トス）

1 トスのスタート

右肩から左手までをまっすぐにしていくイメージで、左手を上げていく。

これはNG

左手の位置が低い

テークバック時に左手が高く上がっているように、勢いをそのままにする。

2 左肩の高さでリリース

左手が左肩の高さを通るときにボールをリリースする。

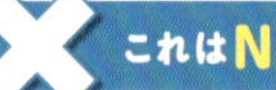

これはNG

ラケットのヘッドが低い

テークバックは、右ヒジと脇下を90度に、腕とラケットの角度を135度にする。

トスはボールの位置をつねに一定に保つことが重要です。トスが安定していないとラケットの中心でボールをとらえるのが難しくなる上、体のバランスも崩れてしまいます。いつも同じ位置でインパクトができるように練習しておきましょう。

3 テークバック

そのまま左手の動きを止めずに高い位置まで持っていく。

両手でトスする練習

ラケットを持たずに両手でトスアップすると、まっすぐ上げる感覚をやしなえる。

ラケットなしで練習する

右手で左ヒジを持って練習すると、左肩の高さでリリースする感覚が身につきやすくなる。

13 サービス

1 トス

ボールをまっすぐ上げ、軸足に体重をかけて溜めをつくる。

2 スイング

軸足に溜めた力を開放して、体全体を使ってラケットを振り抜く。

ワンランクアップ

アンダードライブサービス

下から打つアンダードライブサービスからはじめても良い。ストロークの延長線上にボールをリリースする。

サービスには頭上のボールを打つオーバーヘッドサービスや、下から打って落下後のボールに変化を加えるカットサービスなどがあります。強く安定したサービスを身につけて確実にポイントを重ねられれば、ゲームを優位に運べます。

3 インパクト

一番高い打点で、ラケットの面をボールに押し当てるようにして打つ。

4 フォロースルー

打ち終わった後は、すぐに次のボールに対応できるように体勢を整える。

ワンランクアップ

コースを打ち分ける

カラーコーンでセンター、ワイド、ボディと、それぞれのコースに打ち分けられるよう練習をする。

ねらい ▶ 確実なレシーブで次の展開を有利に

14 レシーブ

1 テークバック

ボールを軸足ぎりぎりまで近づけ、ラケットはコンパクトにテークバックする。

2 スイング

軸足を後ろに蹴り出しながら、体を回転させてラケットを振る。

ワンランクアップ

片足からのスプリットステップ

相手のテークバックに合わせて片足でスプリットステップを行ない、インパクトと同時に地面を踏む。

コーチからのアドバイス

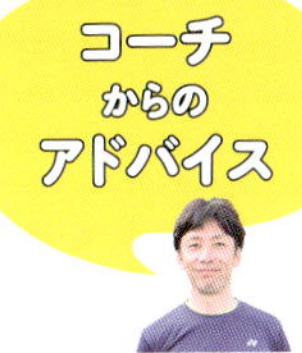

レシーブは、ゲームを有利に展開するためには重要な技術です。とくにセカンドレシーブは、チャンスボールになる場面が多くあります。できる限りコースを攻めましょう。スプリットステップを使えば素早く反応できます。

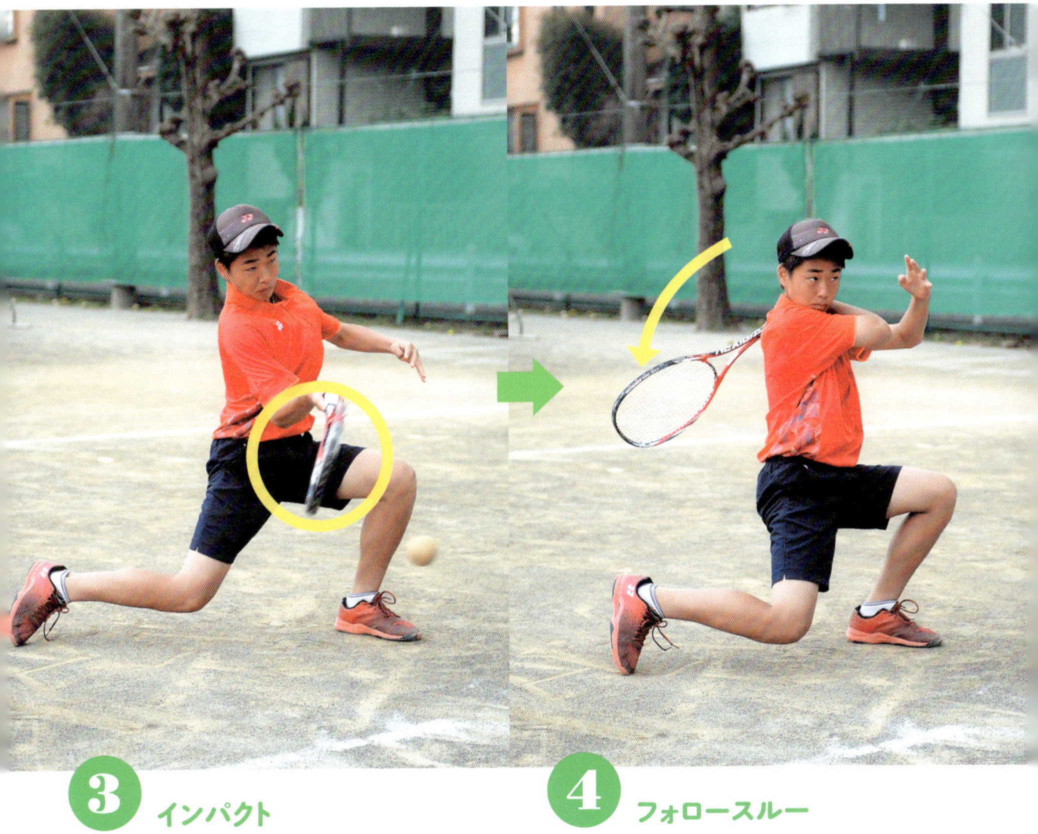

3 インパクト

ボールを押し出すようにして、鋭くスイングしていく。

4 フォロースルー

打ち終わった後は、すぐに次のボールに対応できるように体勢を整える。

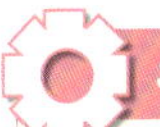

こんなイメージ

前衛レシーブ

素早く前に詰める動作がポイントになる。軸足を後ろ足よりも一度前に持っていき、ひねり戻しを使ってボールを飛ばす。

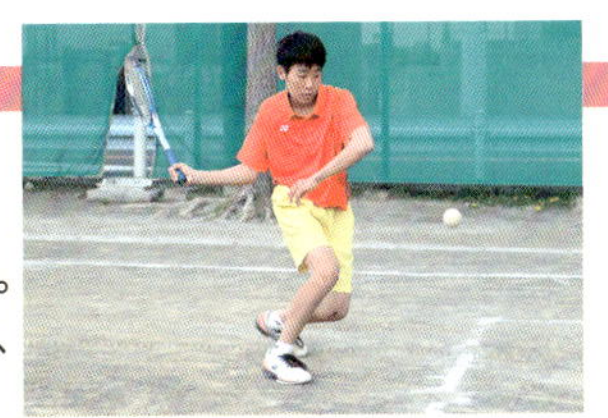

まずはソフトテニスを好きになろう

ソフトテニスに限らず、何事においても上達していくための最低条件は「好きになる」ことです。「好きこそものの上手なれ」という言葉がありますが、この想いを持つことができれば、とくに中高の部活動で不安となる「勉強との両立」と「レギュラーになれない」という２つの点に立ち向かっていくことができます。

ソフトテニスを好きになるには、まず楽しくなければなりません。最初から細かい技術やマナーばかりを指導されると、楽しさよりも厳しさを先に感じてしまうものですよね。私が初心者に指導する場合は、初日からラケットとボールを用意し、最低限、ケガをしない安全上の注意事項だけを伝えて、好きにボールを打ってもらうようにしています。当然ラリーはつながりませんし、ソフトテニスとは言えないものになりますが、まずはそれで問題ありません。ボールがつながることへの楽しみに気づくのはもっと後のことであり、最初はラケットにボールがあたる、そのボールが前へ飛ぶ、これだけで楽しめるはずです。素振り、球拾い、ランニングからといった練習では、嫌いになることはあっても、好きになることはないと断言

できます。

勉強との両立ということで考えてみれば、部活動が忙しいと勉強をする時間がないと言う人が多くいます。本当にそうでしょうか？ソフトテニスが好きで、真剣に取り組みたいと思っているのであれば、宿題を早く終わらせたり、家に帰ってからも自主練習をしたりと練習時間以外の行動が変わってきます。レギュラーになれない不安に対しても、ソフトテニスが大好きであれば辞めたいと思うこと

はないでしょうし、もっと練習をしていつかはレギュラーをつかみとりたいと考えるはずです。

　とくに初心者は、ラケットとボールを触っている時間の分だけ上達していきます。「ソフトテニスが好きですか？」と聞かれたときに「はい！」と自信を持って言えるようになれれば、みなさんの上達はもう約束されています。

Chapter

3

攻撃ワザの練習メニュー

チャンスボールを無駄にしないために、攻撃ワザを学ぼう。
君の憧れるワザもきっとここにある。

ねらい ▶ 早いタイミングで打ち出す攻撃的ショット

01 攻撃ライジング

1 体を沈ませる

ボールのバウンドよりも先に体を沈ませていく。

2 足を送る

頭の位置を維持しながら右ヒザをネット側に送る。

これはNG

ベースラインより下がらない

下がって打つと、通常のストロークと変わらないタイミングになってしまう。

ライジングは通常よりも早いタイミングでボールを打ち返すことにより、相手に準備時間を与えずミスを誘う攻撃的なショットです。踏み込み足で踏みつけるようにしてバウンドするボールを早いタイミングでとらえます。

3 蹴りながらスイング

軸足を後ろに蹴り出しながら体を回転させていく。

4 踏み込みながらインパクト

踏み込み足で地面を踏みつけるようにして回転力を高め、ボールに勢いを生み出す。

ワンランクアップ

ショートラリーでテンポアップ

バウンドの上がり端を打ち合うショートラリーで、ボールを早くとらえる感覚をやしなう。

ねらい ▶ 高さと深さでロブを攻撃的に

02 攻撃ロブ

1 テークバック

ヒザを曲げ、体を大きく沈めながらテークバックする。

2 スイング

上半身を起こしながら低くスイングする。

これはNG

ヒザが伸びてしまっている

ロブで高いボールを打ち出すためには、下半身の力を利用してパワーを生み出す必要がある。ヒザが伸びてしまうと高く深いボールを打つことができない。

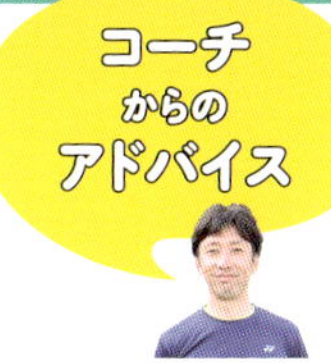

ロビングは守備的な技術と思われがちですが、ボールに高さを出して相手コートの深いところに落とせれば、攻撃にも使えます。遠くに飛ばすパワーが必要なため、体をしっかりと沈めて下半身の伸び上がる力を使います。

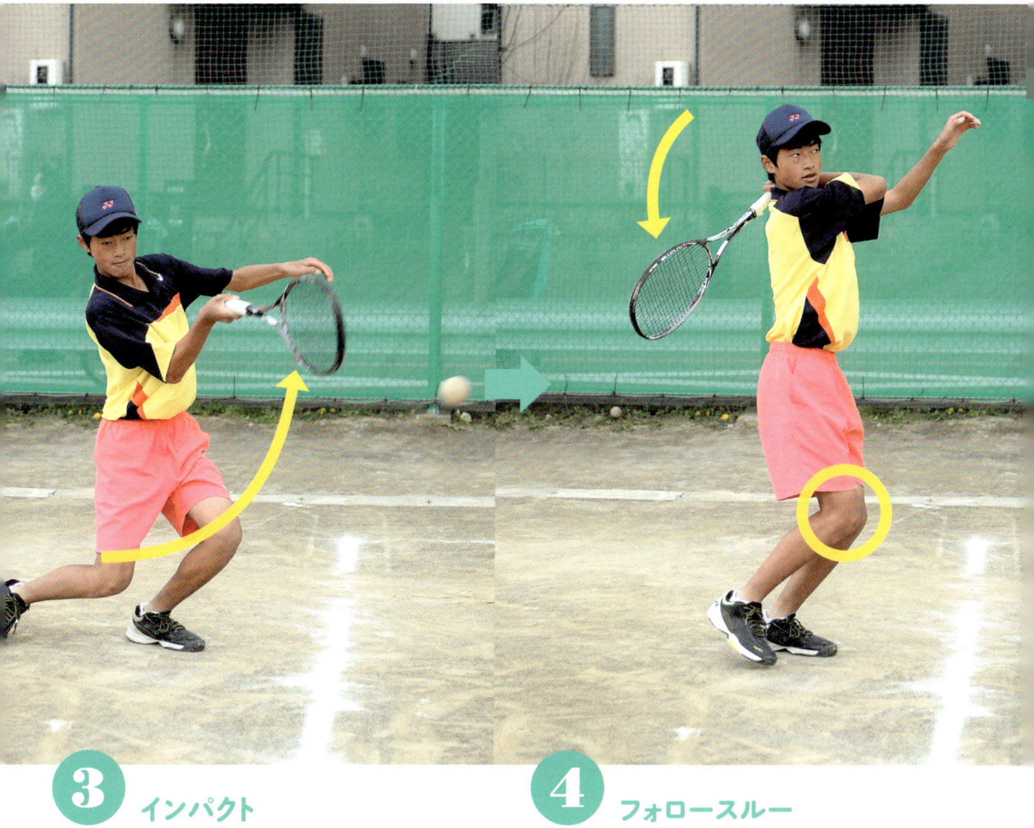

3 インパクト

体が伸び上がると同時に、ラケットを下から上へと振り抜いてボールをとらえる。

4 フォロースルー

ヒザは最後まで伸ばさず、次のボールに対応しやすくする。

こんなイメージ

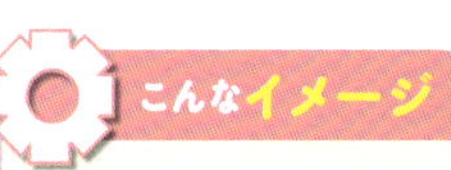

すくい上げる

インパクト時はボールを下から上へとすくい上げる感覚で振る。

ねらい ▶ ボレーのコツをつかむ

03 正面ボレー

1 右足を出す

ネット際でラケットを構え、右足を１歩前に出す。

2 ラケットを立てる

体をボールの正面に位置させて、ラケットを立てる。

ワンランクアップ

空カゴボレー

ラケットの代わりに空カゴを使ってボレーをすると、正面で面を安定させてボールをとらえる感覚がやしなえる。

コーチからのアドバイス

相手からきたボールをノーバウンドで打ち返す技術をボレーと言います。そのなかでも正面ボレーはボレーの基礎です。ネット前でラケットを構え、１歩でとれる範囲にきたボールを体の正面でとらえて、押し出すようにボールを打ち返します。

3 押し出してインパクト

ラケットの縦面を前に押し出すようにしてボールをとらえる。

4 左足を送る

ラケットは立てたまま左足を送る。

これはNG

ラケットを寝かさない

ボールをとらえたあとにラケットが寝てしまうと、ボールの軌道が定まらない。

ねらい ▶ チャンスボールをノーバウンドで打つ

04 スイングボレー

1 軸足に体重をかける

右足に体重をかけて、ラケットを引きながらボールを待つ。

2 踏み出しつつスイング

左足を自分の右斜め前へ大きく踏み出しながら、地面と水平にスイングする。

これはNG

両手を使えていない

ラケットを持つ手と反対の手が下がっていると体にひねりが生まれず、安定した強いボールが打てない。

コーチからのアドバイス

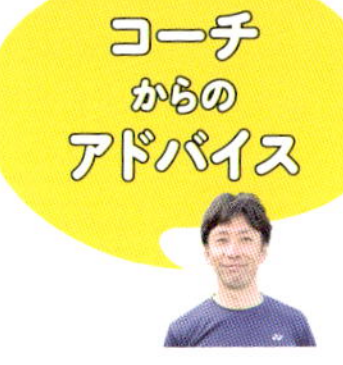

相手から返ってきた甘いボールをノーバウンドで打ち返すのがスイングボレーです。ポイントのチャンスとなる場面が多いので、大きなスイングで力強く打っていきましょう。前のめりにならないように、体の軸を意識しておくのがポイントです。

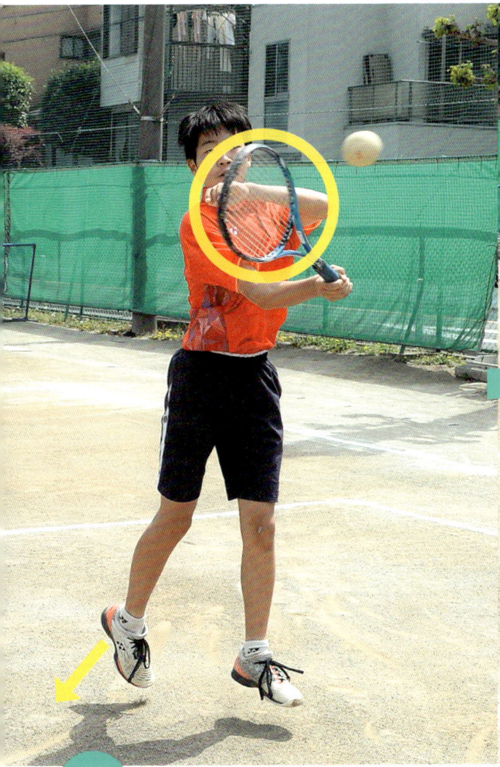

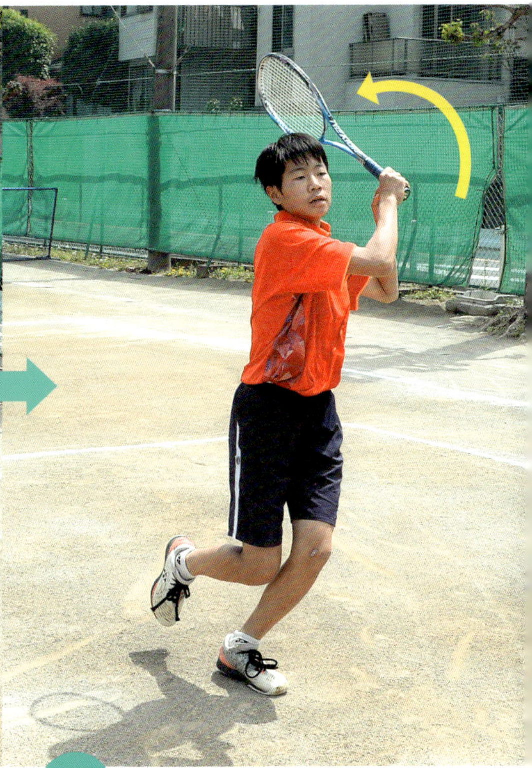

3 軸足を蹴ってインパクト

軸足で地面を蹴りながら、体の軸を意識して体勢を崩さずに打つ。

4 フォロースルー

大きなスイングで振り切り、ボールに勢いを生み出す。

これはNG

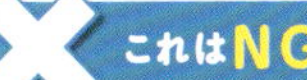

ボールと体の距離があっていない

ボールの落下地点と体が離れていると、頭が下がり、体の軸がブレてしまうため、力強く打てない。

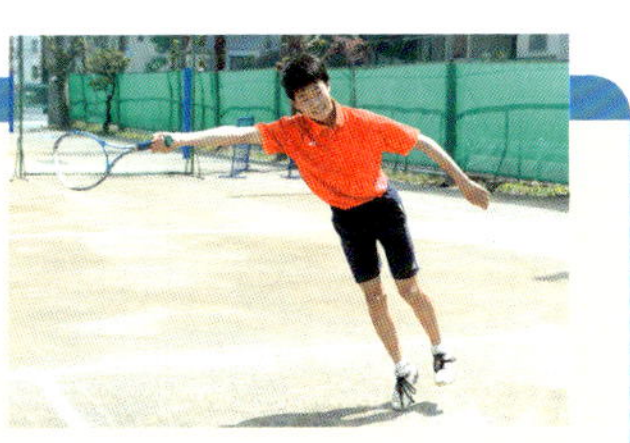

ねらい ▶ ロブに対して強いボールを返す

05 スマッシュ

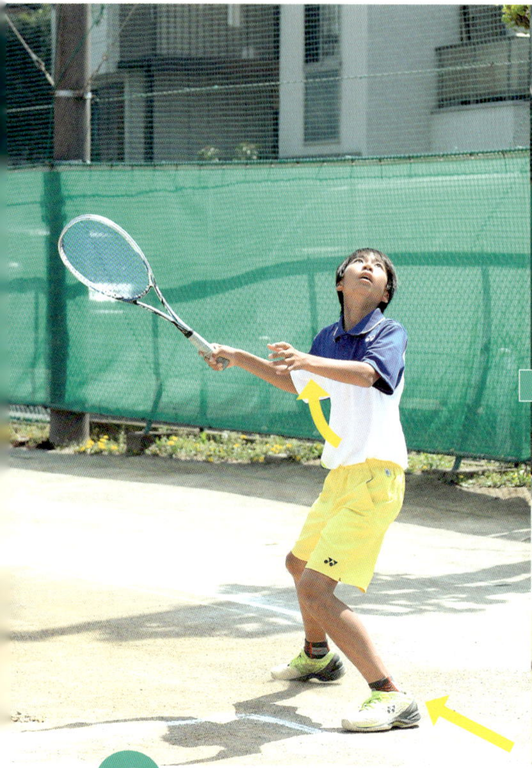

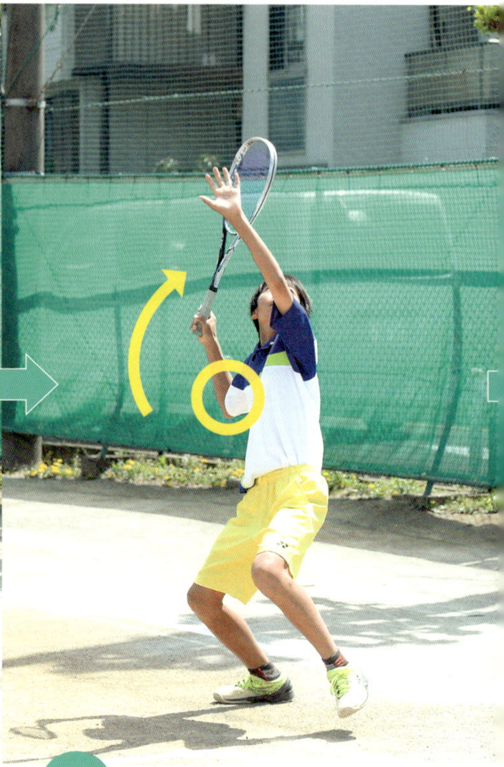

1 落下地点に移動

クロスステップで落下地点へと移動しながら、徐々に左手を上げていく。

2 テークバック

ラケットは顔の横を通して最短距離で振り上げ、右ヒジの角度を90度に保つ。

こんなイメージ

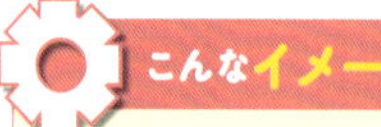

歩幅を大きく

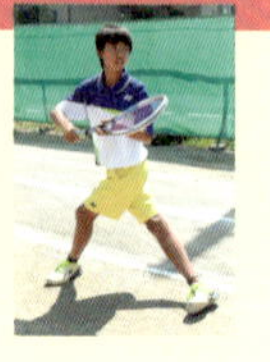

落下地点までの移動は歩幅の大きいクロスステップ。ボールを待つ余裕を作る。

これはNG

左手が目線より上

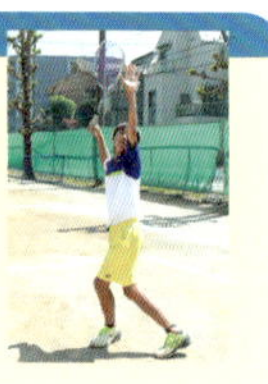

ボールを待つとき、左手は目線より上げない。また、体を反りすぎない。

コーチからのアドバイス

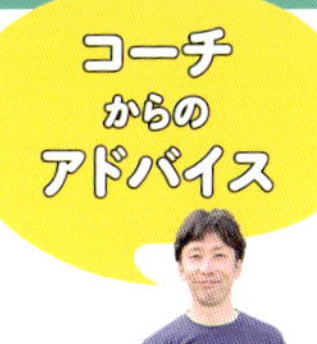

高さのあるボールに対して、頭上からラケットを振り下ろして打つショットをスマッシュと言います。勢いのあるボールが打てるので、ポイントになりやすい技術です。強く打つには、クロスステップでボールの落下地点にいち早く移動します。

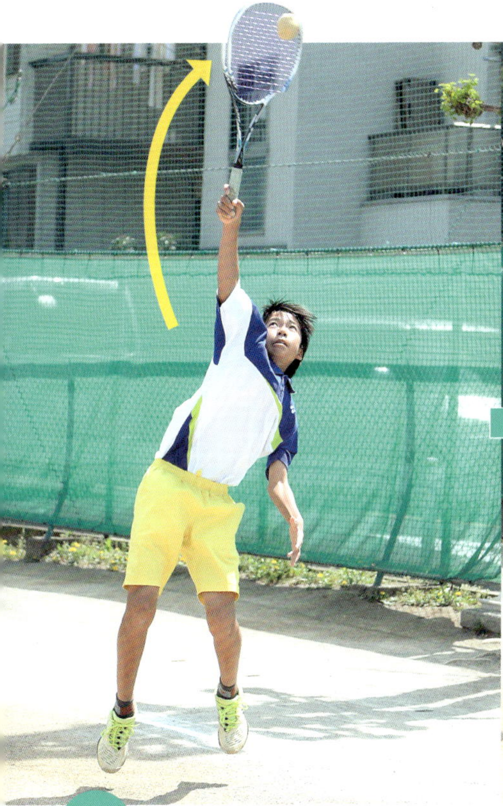

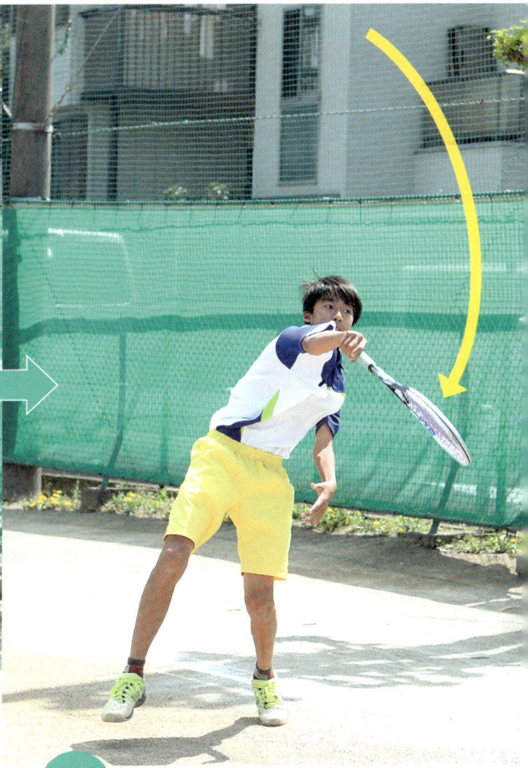

3 インパクト

背中側から大きくスイングし、高い打点でボールをとらえる。

4 フォロースルー

体全体を使ってラケットを振り抜き、強いボールを打つ。

こんなイメージ

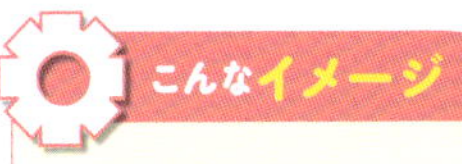

最短距離で振り上げる

テークバックはラケットを振り回さず、顔の横を通って最短距離で振り上げる。

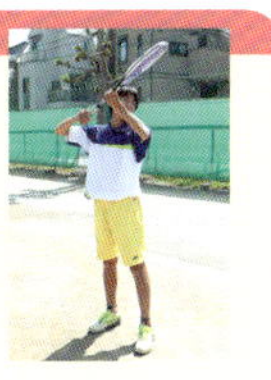

こんなイメージ

右ヒジの角度は90度

テークバック時の右ヒジの角度は90度を維持し、位置も肩まで上げておく。

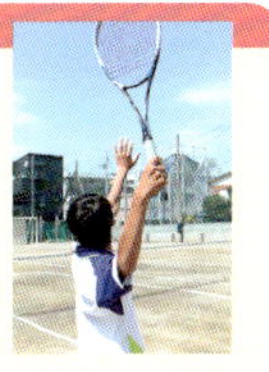

ねらい ▶ コート際のロブを強いボールで返す

06 ジャンピング・スマッシュ

1 テークバック

ラケットは顔の横を通して最短距離で振り上げ、右ヒジの角度を90度に保つ。

2 ジャンプ

軸足で上に向かって跳び上がる。

ワンランクアップ

前足を上げて踏み込む

ボールを待つ時間に余裕があれば、前足を上げて踏み込むことで威力を出せる。

これはNG

ラケットヘッドを寝かさない

テークバック時にラケットヘッドが寝ているとスイングが定まらなくなる。

コート際に打たれたロブに対しては、ジャンプしながらスマッシュをして、さらにパワーを加えましょう。スマッシュもジャンピング・スマッシュも、その感覚をつかむにはスイングと同じ動きを意識したキャッチボールが有効です。

3 インパクト

背中側から大きくスイングし、高い打点でボールをとらえる。

4 フォロースルー

体全体を使ってラケットを振り抜き、強いボールを打つ。

ワンランクアップ

右方向に打ち分ける

力任せに打たないで、右方向に打ち分けられるとさらに攻撃の幅が広がる。

ワンランクアップ

キャッチボールで練習

ラケットを持たずにスマッシュの動作でキャッチボールをする。

ねらい ▶ コンパクトに回り込んでフォアで打つ

07 回り込みストローク

1 クロスステップで移動

クロスステップで素早くボールがくる位置まで移動する。

2 体の向きを変える

足幅は大きく、回転はコンパクトに回り込む。

これはNG

後ずさりで移動

ボールに対して後ずさりするように移動すると、素早い移動ができなくなる。

こんなイメージ

回り込むときの足幅は大きく

回り込むときに足幅を大きくとることで、下半身が安定したストロークになる。

利き手と逆側にボールが飛んできた場合は、素早く回り込んでフォアでボールを打ち返した方が正確なストロークになります。回り込みに時間がかかると、余裕を持ったストロークができなくなるので、コンパクトに回ることを意識しましょう。

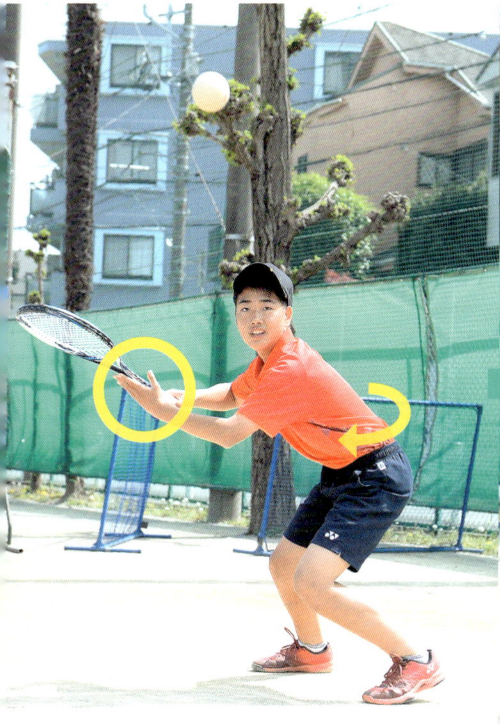

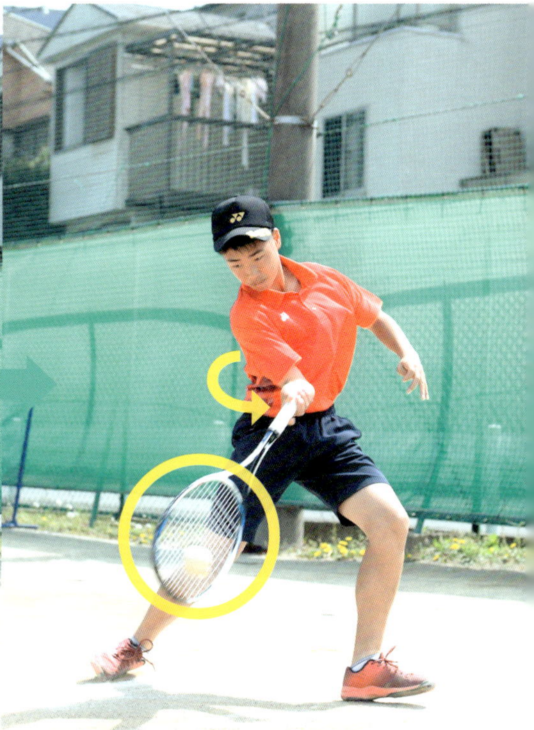

3 体をひねる

ラケットを持っていない方の手はラケットに近づけて体にひねりを生む。

4 ひねり戻しでインパクト

重心を前足にかけながら、ひねり戻しを使ってボールを打つ。

こんなイメージ

ラケットに手を添える

回り込むときはグリップのつけ根に手を添えると、体にひねりが生まれる。

ワンランクアップ

回り込みの練習

ラケットのヘッドを持ってもらい、コンパクトな回り込みの動きを覚える練習。

ねらい ▶ 相手に触らせずポイントを奪う

08 サービスエース

1 トス

まっすぐトスアップしながらラケットを振り上げる。

2 体を沈める

ヒザを曲げて体を沈め、溜めをつくる。

これはNG

トスアップ時はアゴを上げない

トスアップのときにアゴが上がっていると、まっすぐボールを上げられない。

こんなイメージ

アゴを引いて体幹を固める

アゴを引くと体幹が固まり、ブレのないトスアップからのサービスができる。

サービスエースとは、自分の打ったサービスを相手が触ることのないまま得点することを言います。そのためには強くて速いボールが必須です。下半身から上半身に力を伝えていき、そのパワーを1点に集中して打ちます。

3 伸び上がってスイング

下半身から上半身への運動連鎖を意識して、上方へと伸び上がる。

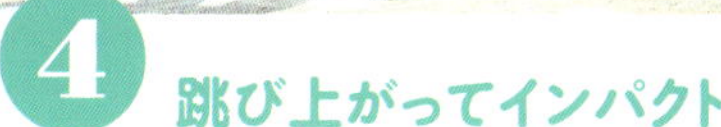

4 跳び上がってインパクト

ジャンプをしながらボールをとらえる。

こんなイメージ

体勢を崩さずフィニッシュ

フィニッシュ時に体勢が崩れていると、ボールの軌道が安定しない。体幹を意識して顔は正面を向いていると良い。

ねらい ▶ 素早く移動してノーバウンドで打ち返す

09 ランニングボレー

1 ボール近くへ移動する

ボールが飛んでくる位置まで素早く移動する。

2 軸足に体重をかける

軸足（右足）のヒザを曲げて体重を乗せ、ラケットは顔の近くに置く。

ワンランクアップ

遠くのボールをとらえる

両手を広げれば、さらに遠くのボールにもラケットが届く。顔をボールとは逆側に向けると、より遠くへ腕を伸ばせる。

コーチからのアドバイス

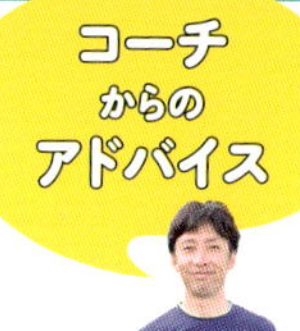

自分から遠い場所に飛んできたボールを、ノーバウンドで返す技術をランニングボレーと言います。ボールが飛んでくる位置まで素早く移動し、ラケット面を残してボレーします。相手に打ち返されないように、オープンスペースを狙いましょう。

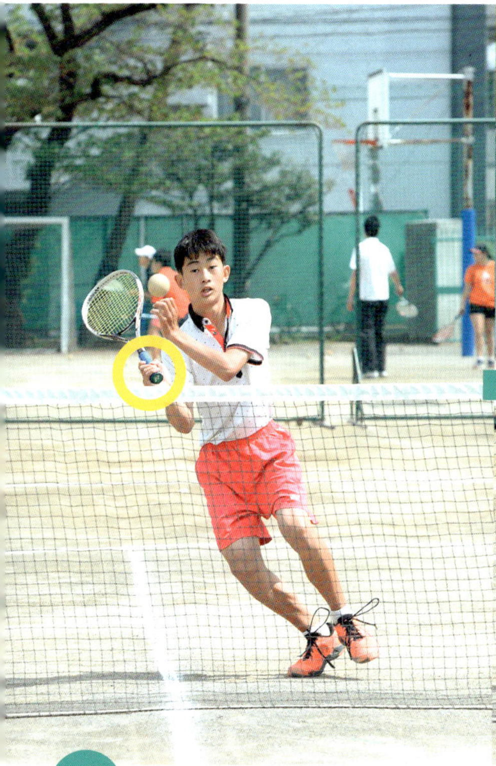

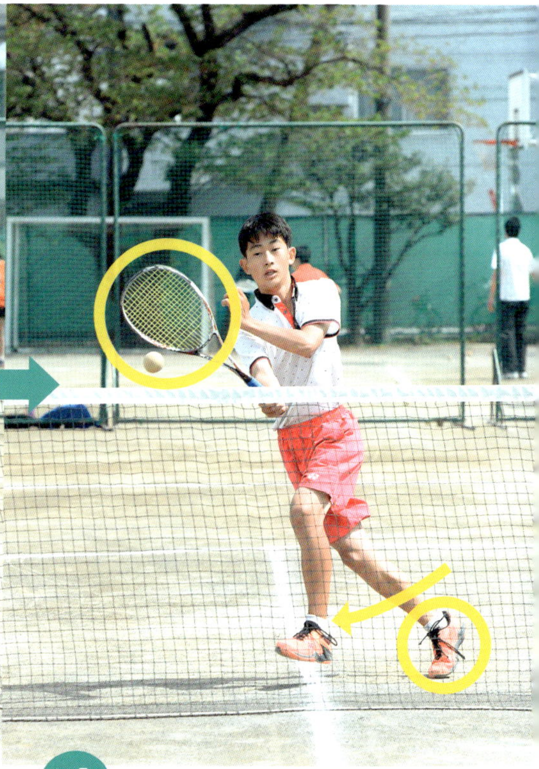

3 ボールを引きつける

グリップを緩めながらボールを引きつける。

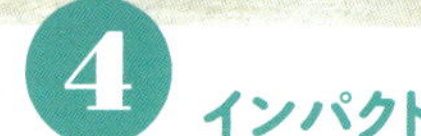

4 インパクト

軸足から左足へ体重を送りながらインパクト。面を残すとボールに回転がかかる。

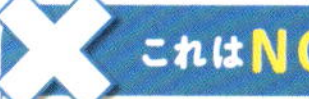

これはNG

ネットから離れすぎている

ネットから遠いとミスが多くなる。移動するときはネットに詰めていく。

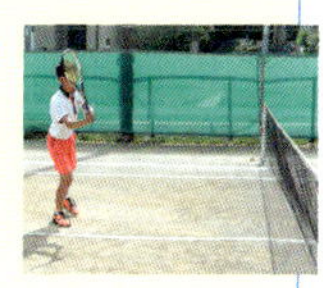

これはNG

腰が引けている

インパクト時に腰が引けているとボールの軌道が安定しない。

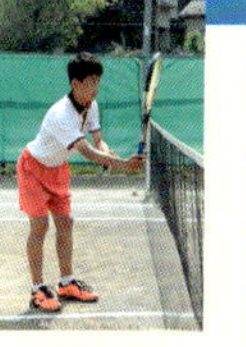

ねらい ▶ 相手前衛の体近くに打つ

10 サイドアタック

1 スイング

深いボールに対して差し込まれないようにしながら、ラケットを振りはじめる。

2 インパクト

重心を前足に移動しながらラケットを押し出していく。

ワンランクアップ

V字乱打でコースを狙う

２人を相手にＶ字になる陣形で乱打して練習すると、より正確に打ち分けられるようになる。

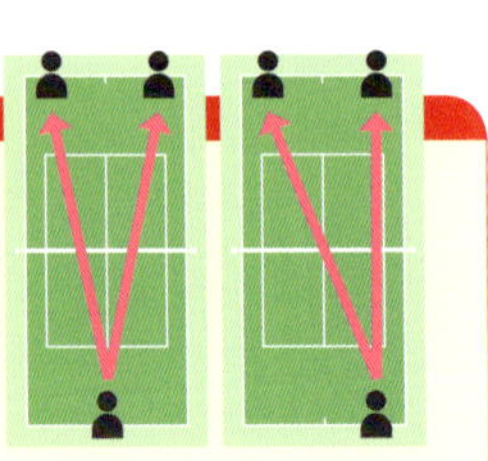

サイドアタックは味方後衛が得点を取りに行くパターンの1つです。相手前衛の体近くの左右どちらかを通るように打ちます。相手前衛は体の近くにボールを打たれることによって、プレッシャーがかかります。

3 フォロースルー

インパクト後はラケットをしっかりと振り切ることを意識する。

サイドアタックのコース

相手前衛の体近く、左右どちらかを狙って打つ。

ワンランクアップ

バギーホイップで攻撃的に返球

相手の深いボールに振り遅れるとネットになりやすい。薄く当てて回転をかけるバギーホイップを使う。

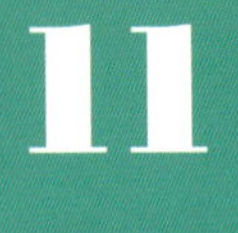

ねらい ▶ ショートボールで相手をゆさぶる

11 ツイスト（カット）

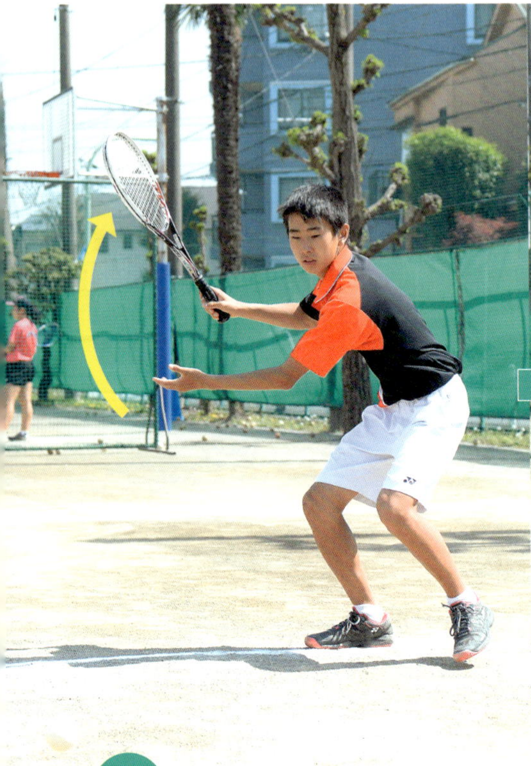

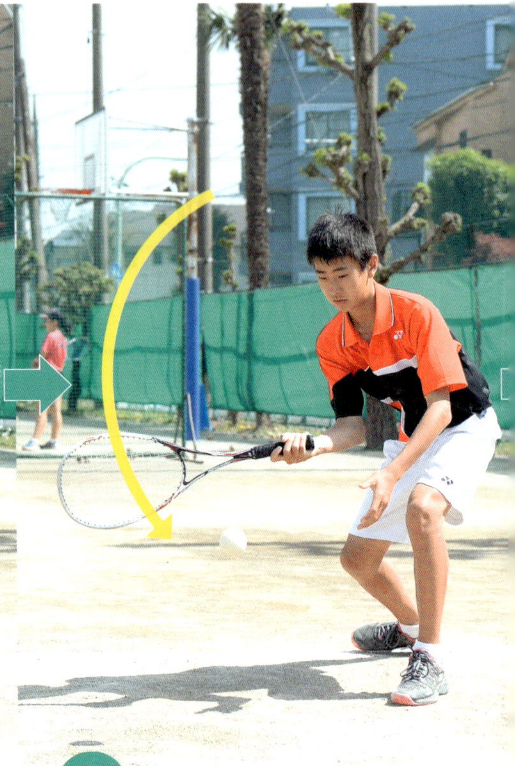

1 テークバック

他の打ち方と同じようにテークバックする。

2 スイング

ラケットを下げてコンパクトにスイングする。

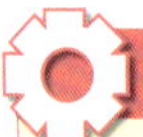

こんなイメージ

切るほど深いボールになる

ラケット面にボールが触れている時間が長いほど、相手コートの深い位置に届くボールを打つことができる。

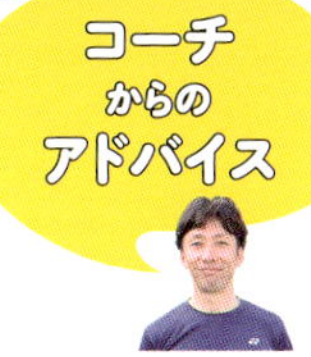

ネット際に打つ浅いボールのことをツイスト（ショートボール）と言います。そのなかでもカットは、ボールの下側を切るイメージでスイングすることで、ボールにスライス回転をかけます。とくにゲーム後半の緊張した場面で効果的な技術です。

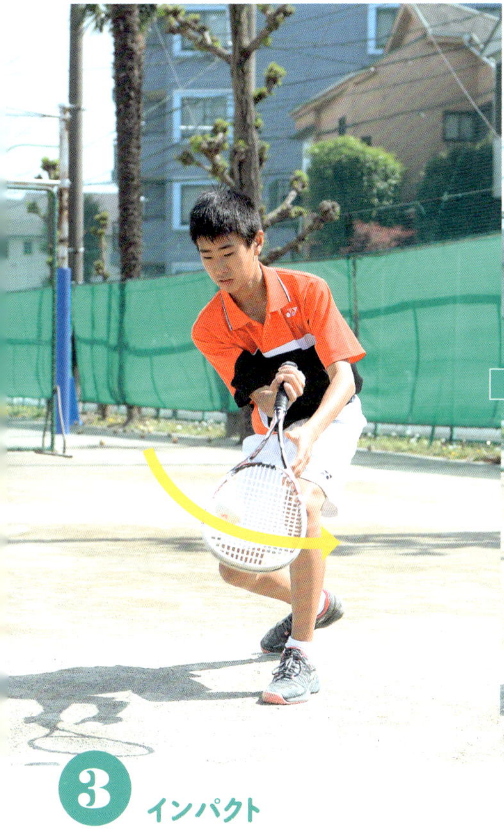

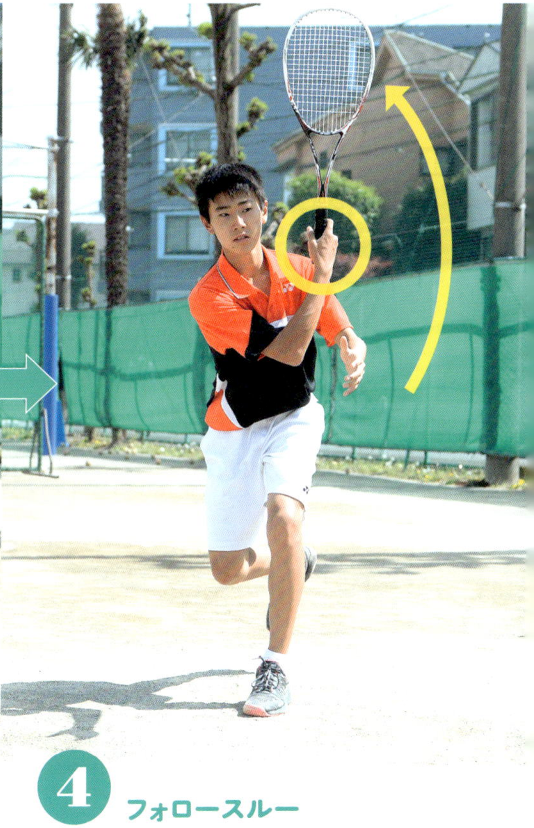

3 インパクト

ボールの下側を切るようにしてインパクトし、回転をかける。

4 フォロースルー

ボールを切ったラケットの裏面や手の甲が前を向くように振り抜く。

こんなイメージ

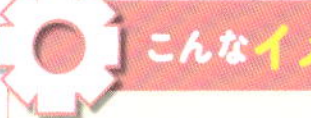

足をクロス

ボウリングのフィニッシュのように、打つ瞬間に右足を左側にクロスすると、下半身が安定する。

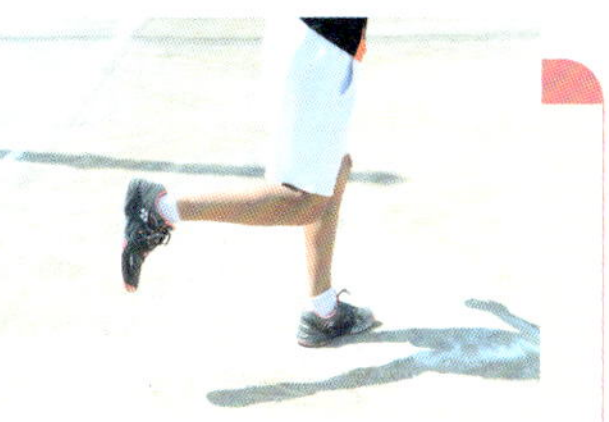

ねらい ▶ ボールに順回転をかけて落とす

12 ツイスト（ドライブ）

1 テークバック

他の打ち方と同じようにテークバック。

2 スイング

ラケットを下げてボールを引きつける。

こんなイメージ

ボウリングのボールを投げるように打つ

ボウリングのボールを投げるようなイメージで下から回転をかける。ラケットとボールの接地時間を短くしてショートに打つ。ヒジから先は、車のワイパーのように振る。

ドライブではボールに順回転をかけて浅いボールを打ちます。ボールに対してラケットを下から上にこすり上げるように打ち、インパクト後にラケットを立たせるように振ると、ボールの回転量が増え、ネット際にボールを落とせます。

3 インパクト

下から上にボールをこすり上げるようにしてインパクト。

4 フォロースルー

フォロースルーはラケットを立てる。

こんなイメージ

ネットのすぐ上を越すように打つ

あまり高いボールを打つと相手に反撃の時間を与えてしまう。ネットのすぐ上を越すような低いボールが良い。

ねらい ▶ ▼速いボールをさらに力強く返す

13

カウンター

1 2 3 4

スピンムーブ

インパクトと同時に顔を残し、両足で踏ん張った瞬間にジャンプして体を回転させていく。

こんなイメージ

お尻を下げて力を溜める

トリプルエクステンションを意識して、お尻を下げ、足裏全体で地面を踏んでおく。

こんなイメージ

体を大きく回転させる

ネットに背を向けるくらい回転できると、ボールにパワーが生まれる。

カウンターは、相手から返球された速いボールをさらに力強いボールで返す技術です。相手の返球が速く深いときは、前に踏み込む余地がありません。ここで紹介する２種類はどちらも体全体を使って、鋭くコンパクトにラケットを振り抜きます。

1

2

3

4

リアフットリストショット

後ろ足に体重を乗せてラケットを振り、インパクトと同時に前足を内側に蹴り出すようにして跳ねる。

これはNG

アゴが上がってしまう

速い球を返すときは体が後傾してアゴが上がりやすい。アゴを引いて体幹を固めると、ボールの勢いに負けず打ち返せる。

ねらい ▶ ノーバウンドでショートボールを打つ

14 ボレーツイスト

1 体勢を低くする

軸足（右足）に体重を乗せて、体勢を低くしてボールを待つ。

2 スイング

ラケットはあまり引かず、左足を前に出しながらコンパクトにスイングする。

ワンランクアップ

勢いを吸収するボールキャッチ

ボールキャッチで勢いを吸収するイメージをつかむ。ボールの勢いに合わせて、ヒザを曲げて体全体を沈ませる。

コーチからのアドバイス

相手のボレーをノーバウンドで返す場面などで有効なのがボレーツイストです。インパクトのときにボールの勢いを吸収するようにして打ち返し、相手のネット際にボールを落としていきます。また、ボールに逆回転をかけ、返球しにくくします。

3 インパクト

ボールをラケット面に乗せるようなイメージで勢いを吸収する。

4 フォロースルー

逆回転をかけて相手ネット際にボールを落とす。

これはNG

ボールキャッチ練習の失敗例

高い位置でキャッチすると、ヒザを曲げて勢いを吸収する練習にならない。できるだけ低い位置でふわりとキャッチする。

うまくなる人は言い訳をしない

私が指導する清明学園では、レギュラーを決める際に選考試合を行なっています。全ペアでリーグ戦を行なう場合もあれば、前衛・後衛に分かれてシングルスを行ない、その結果を見て上位選手同士を組ませる場合もあります。

選考試合を行なう理由は大きく２つあります。１つは部員全員が納得できること、そしてもう１つは、勝敗にこだわり結果を出せば誰でもレギュラーになる可能性があることです。平等にチャンスを与えることで、もしレギュラーから外れてしまったとしてもモチベーションの低下を防ぐことができます。

あるとき、選手の保護者からペアリングについての意見が出てきたことがありました。おそらく、選考試合で勝てなかったペアの１人が、自分の保護者の前でペアのもう一方の選手を非難したのだろうと思います。私が指導者として、そして中学校の教師として感じるのは、中学生は人間として未熟であり、こういった場面で原因を自分に向けることができず、相手を悪く言ってしまうのです。

部員がペアリングに不満を持っていた場合、私はなるべく時間を

割いて彼らの話を聞き、充分に気持ちを汲んだ上で、自分の意見を言うようにしています。そして最後には、次のような言葉を必ず伝えます。

「伸びる人は他人や環境のせいにしない」

レギュラーになれないことをペアのせいにしている人間は成長しません。なぜなら、そういった人は自分を見つめ直すことがないからです。私のこれまでの指導経験のなかで、将来大きく飛躍していっ

た選手のほとんどは、自分にとってストレスであったり大きな壁に当たったりしたときに、その理由を自分に向けられる人間でした。そしてレギュラーになれなかったとしても、そういった気持ちで練習に取り組んでいる選手はチームのために身を粉にして、一生懸命に行動を起こすことができます。

みなさんは結果が出ないことを他人や環境のせいにしていませんか？　もしそう感じているのであれば、一度自分の行ないを振り返ってみると、成長の糸口が見つかるかもしれません。

Chapter

4

守備ワザの練習メニュー

相手が強敵ならなおさら必要になるのが守りの力だ。
試合の流れを変えるためにその打ち方を覚えよう。

ねらい ▶ 相手前衛が届かない高さのボールを打つ

01 ロビング

1 **テークバック**

ヒザを曲げ、シュートボールを打つようなフォームでボールを引きつける。

2 **スイング**

ヒザを伸ばしながら、低い位置でスイングする。

こんな**イメージ**

インパクト時にヘッドを下げる

ヘッドを下げておくとラケットを下から上に振り抜く距離が稼げるため、山なりの高いボールが打てる。

コーチからのアドバイス

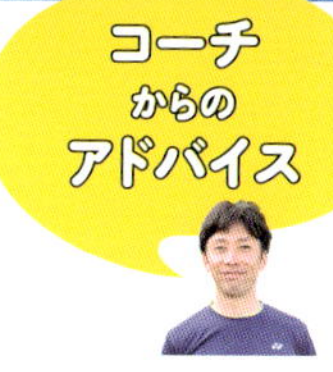

相手前衛が届かないような高さをつけたボールをロビングと言います。ポイントはシュートボール（速いボール）と同じフォームで打つこと。テークバックまでシュートボールかロビングか分からないようにすれば相手の対応を１歩遅くできます。

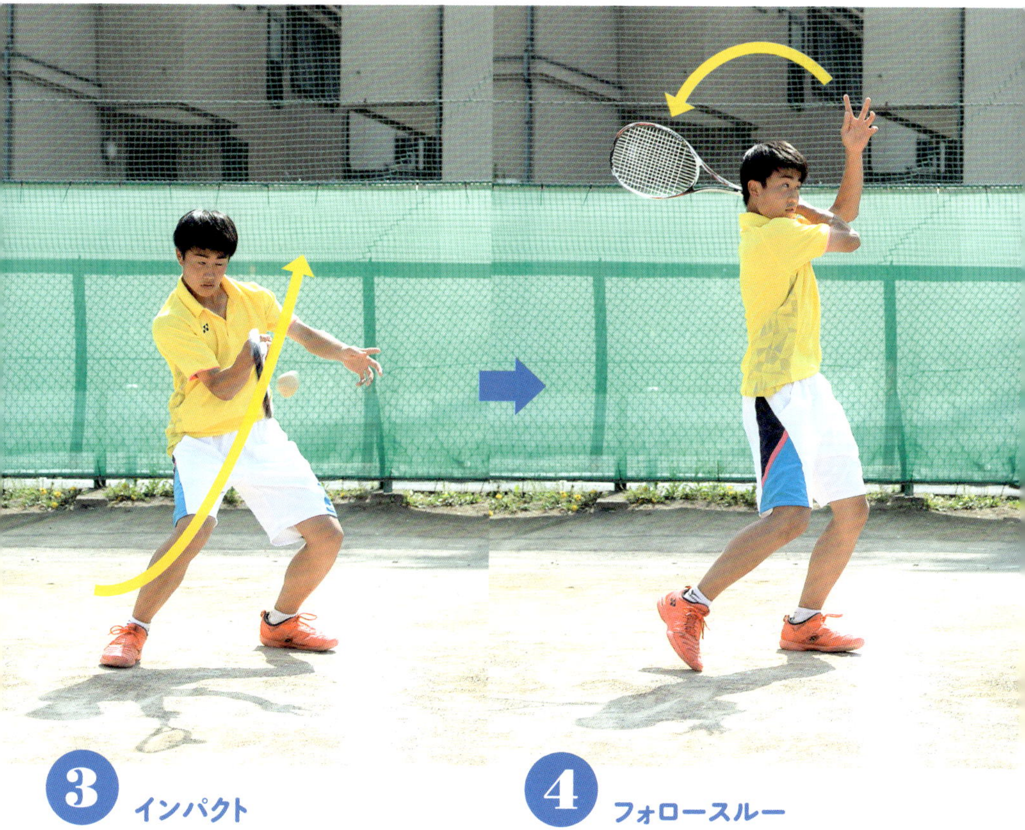

3 インパクト

ラケットのヘッドをしっかりと下げて、下から上にインパクトする。

4 フォロースルー

インパクト時の勢いのまま、上に振り抜く。

ワンランクアップ

片足でロビングを打つ

試合では体勢を崩しながら打つ場面も多い。片足それぞれで「ケンケン」をしながら打つ練習をすると対応力がつく。

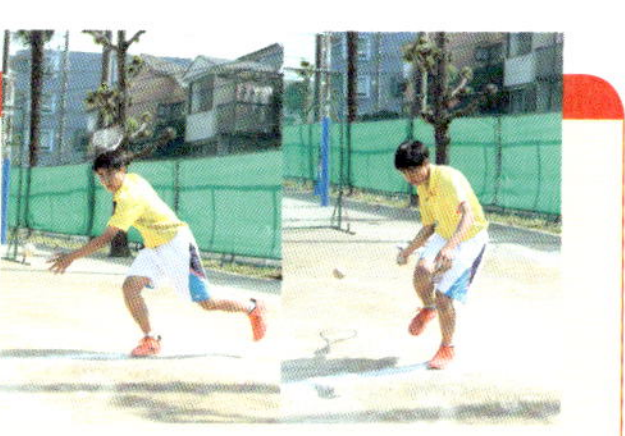

ねらい ▶ スライス回転をかけてリズムを変える

02 カットストローク

1 テークバック

ラケットを振り上げて腰を落としながら、ボールを引きつける。

2 スイング

ボールを切るようなイメージで小さくスイングする。

こんなイメージ

肩甲骨を狭めるように打つ

バックハンドのカットストロークは、両手を開いて肩甲骨を狭めるようにして打つのがポイント。

コーチからのアドバイス

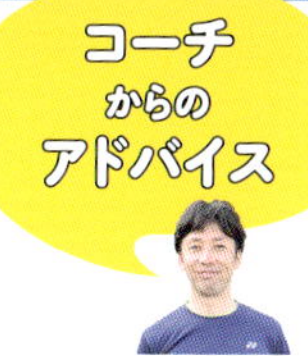

ボールにスライス回転をかけて打つ技術をカットストロークと呼びます。インパクトの瞬間にラケット面を斜めにして、ボールを切るように打ちます。スライス回転のボールは相手からすれば取りづらく、ラリーのリズムを変えたいときに最適です。

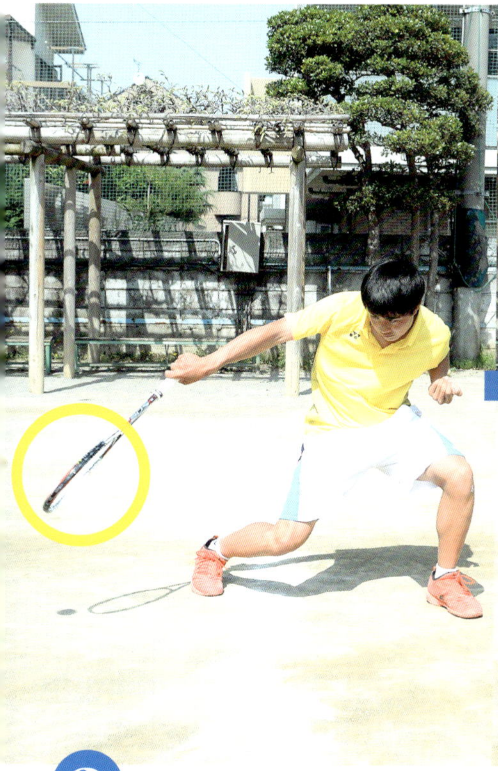

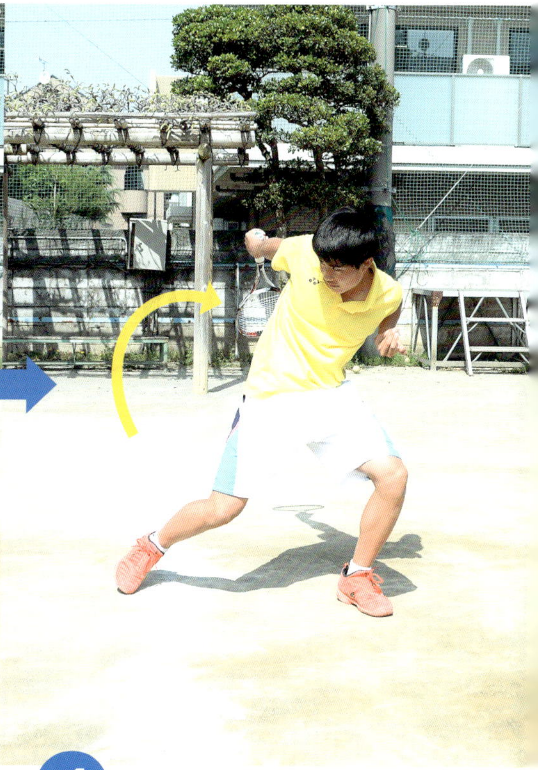

3 インパクト

打点を前に置いて押し出すように打つ。

4 フォロースルー

インパクト時の勢いのまま、ラケットを持つ側の肩の方向に振り抜く。

こんなイメージ

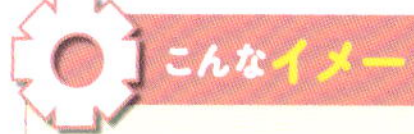

スタンスを広くとる

左右に揺さぶられているときは、スタンスを広くとって目線の上下移動を少なくすると、ボールをスムーズに打ち返せる。

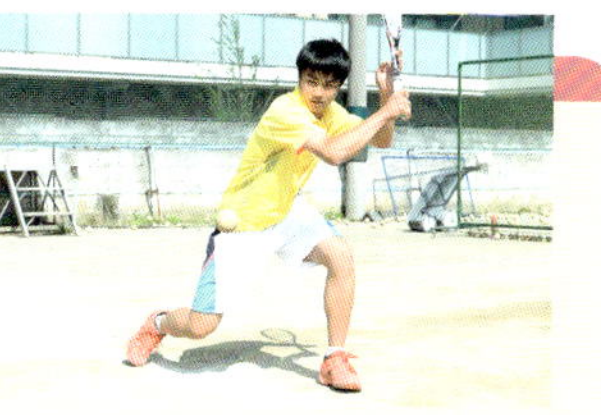

ねらい ▶ 相手アタックをボレーで返す

03 ディフェンスボレー

1 ネットに詰める

左足でネット方向に１歩詰めた後、右足を踏み出す。

2 コースを埋める

踏み出した右足を着地させ、相手ボールのコースを埋める。

こんなイメージ

上半身を起こしてインパクト

左足を１歩詰め、右足でコースを埋めて、インパクトと同時に左足を引きつけると、上体が崩れにくい。

ディフェンスボレーは、相手が味方前衛に向かってボールを打ち込んできたときにボレーで返していく技術です。このとき、ボールを怖がってしまうと前屈みになり、ミスが出やすくなります。勇気を振り絞って体を前に出し、コースを埋めていきましょう。

3 インパクト

ボールを上から見るような気持ちでインパクト。同時に左足を右足に寄せていく。

4 左足で体を支える

右足に寄せた左足で上体の崩れを防ぐ。

両手でラケットを操作する

近距離で速い球を打つため、大きくスイングする時間はない。ラケット操作を小さくするために、左手を顔の横に持っていく。

ねらい ▶ 打つコースを予測してボレーで対処

04 ディフェンスランニングボレー

1 ネット際に移動

相手のインパクトに合わせてネットまでの距離を詰める。

2 テークバック

左足に体重を乗せてラケットを振り上げる。

こんなイメージ

相手が打つときに距離を詰める

相手が打つタイミングに合わせてネットまでの距離を詰め、ボールに追いつく。

これはNG

ヒジを開かない

ヒジが開くと面を残すことができず、強いボールに対処することができない。

相手がネット近くから打ってきたボールに対して使います。相手の打つタイミングに合わせてネットまでの距離を詰め、ボールのコースを読んで打ちます。遠く離れたボールの場合、通常のボレーよりも体ごと倒れ込むように打つのがポイントです。

3 インパクト

右足を大きく踏み出し、体ごと倒れ込むように手を伸ばしてボレーする。

4 体勢を立て直す

踏み出した右足で着地し、体勢を立て直す。

ワンランクアップ

胸を張って手を伸ばす

体を大の字に開くイメージで胸を張ると、リーチが伸びる。顔をインパクト面と逆方向に向けると、さらに遠くへ伸ばせる。

ねらい ▶ カウンターで攻撃に転じる

05 ディフェンスショートボール① ジャンプショット

1 距離を詰める

相手のショートボールまでの距離を走って詰める。

2 テークバック

軸足（左足）に体重を乗せてラケットを振り上げる。

こんなイメージ

足をクロスさせる

テークバックの瞬間は前足と後ろ足をクロスさせておくと、打ちやすくなる。

コーチからのアドバイス

相手が打ってくるショートボールは、状況によってこちらが攻撃に転じるきっかけになります。早いテンポでジャンプショットを返せれば、相手の時間を奪うことができます。カウンターとして効果的です。

3 スイング

左足で伸び上がり、重心を移動させながら、ラケットを振り下ろしていく。

4 インパクト

左足を前に踏み出しながら、右足でジャンプし、強いボールを打つ。

こんなイメージ

フォロースルーは空中

インパクト時に軸足で地面を踏み切るため、フォロースルー時は空中にいる。

ねらい ▶ 崩れを抑えてリカバリーが早くなる

06 ディフェンスショートボール②逆足でインパクト

1 距離を詰める

ボールとの距離を外側に走って詰めていく。

2 テークバック

軸足（右足）に体重を乗せてラケットを後ろに振り上げる。

これはNG

上半身が前傾している

逆足でとるメリットは、体勢を崩さず次の展開に移れるところにある。上半身が前傾するとそのメリットが消えてしまう。

ショートボールはランニングでボールとの距離を詰めていくので、インパクト時に体勢が崩れがちです。右足を前に出して、逆足でインパクトできれば体勢の崩れを抑えられるので、リカバリーが早くなり、すぐさま次の動作に移れます。

3 スイング

左足で地面を蹴りながらラケットを振り下ろしていく。

4 インパクト

体勢を崩さずにインパクトする。

こんなイメージ

インパクト後の動き出し

フォロースルーでラケットを振り抜きながら、跳ねるようにして体を起こす。

ねらい ▶ ストロークと同じ打ち方でミスを減らす

07 ディフェンスショートボール③ 沈んでインパクト

1 距離を詰める

ボールとの距離を外側に走り込みながら詰めていく。

2 テークバック

ヒザを曲げ、体を沈めながらラケットを振り上げる。

これはNG

テークバックの位置が高すぎる

テークバックはしっかりとヘッドを下げる。ヘッドが上がっていると迅速な対処ができなくなる。

ショートボールのバウンドが低い場合は、ヒザを曲げて体を沈めながら打ち返します。通常のストロークに近いので、ミスをしにくい打ち方です。スイングからインパクトにかけては、ヘッドをしっかりと下げましょう。

3 スイング

ヘッドを下げ、前足に重心を移動させながら振り抜く。

4 インパクト

体勢を崩すことなく、低い姿勢でインパクトする。

こんなイメージ

インパクト後の動き出し

フォロースルーでラケットを振り抜きながら、インパクト時に地面を蹴った軸足を元に戻し、体勢を整える。

ねらい ▶ あえて流れる方向に跳ねて体勢を立て直す

08 ディフェンスストローク①
モーグルステップ

右に動かされた場合

1 距離を詰める

ボールを追いながら軸足（右足）を決める。

2 テークバック

右足（軸足）を踏み出しながらラケットを振り上げる。

ヒザが立っている

スイングのときにヒザが立っていると、そのまま体が流れてしまう。

コーチからのアドバイス

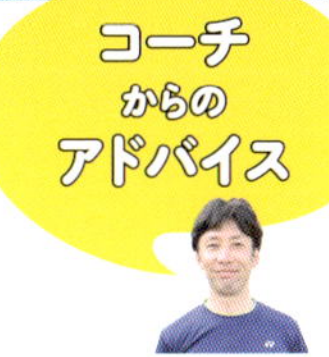

ボールを左右に散らされて動かされているときは、どれだけ体勢を崩さずに対処できるかが重要です。モーグルステップは、右に動かされたら右方向に、左に動かされたら左方向に、あえて跳ぶことによって踏ん張り、体勢を立て直すテクニックです。

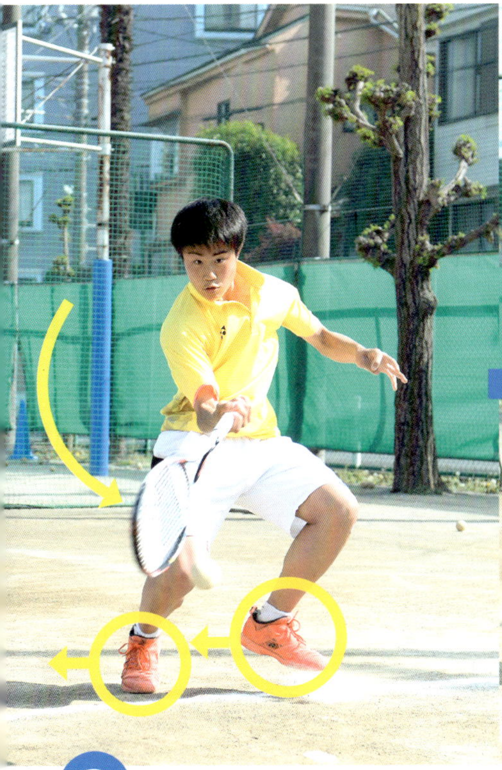

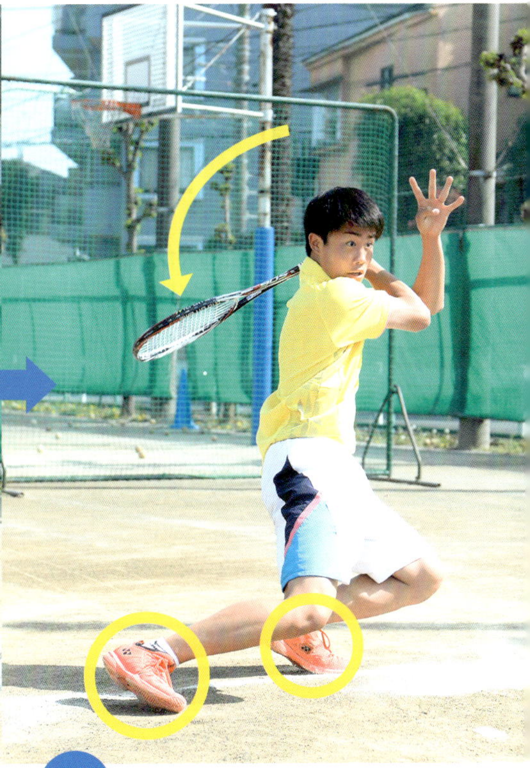

3 インパクトとジャンプ

右足１本で体を支えながらインパクト。同時に、あえて自分から右方向に跳ねる。

4 フォロースルーと着地

ラケットを振り抜きながら、両足で着地して体勢を立て直す。

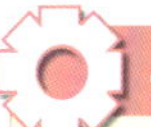

こんなイメージ

腰を落とす

高く飛び上がってしまわないよう、ヒザを曲げて腰を落とし、溜めを作る。

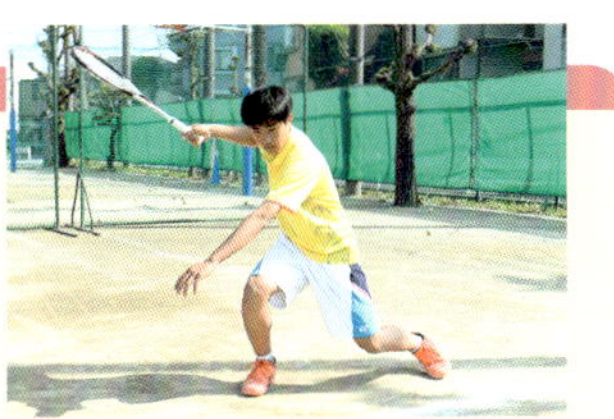

ねらい ▶ 遠くにきた強いボールを打つ

09 ディフェンスストローク②
スプリットリカバリーショット

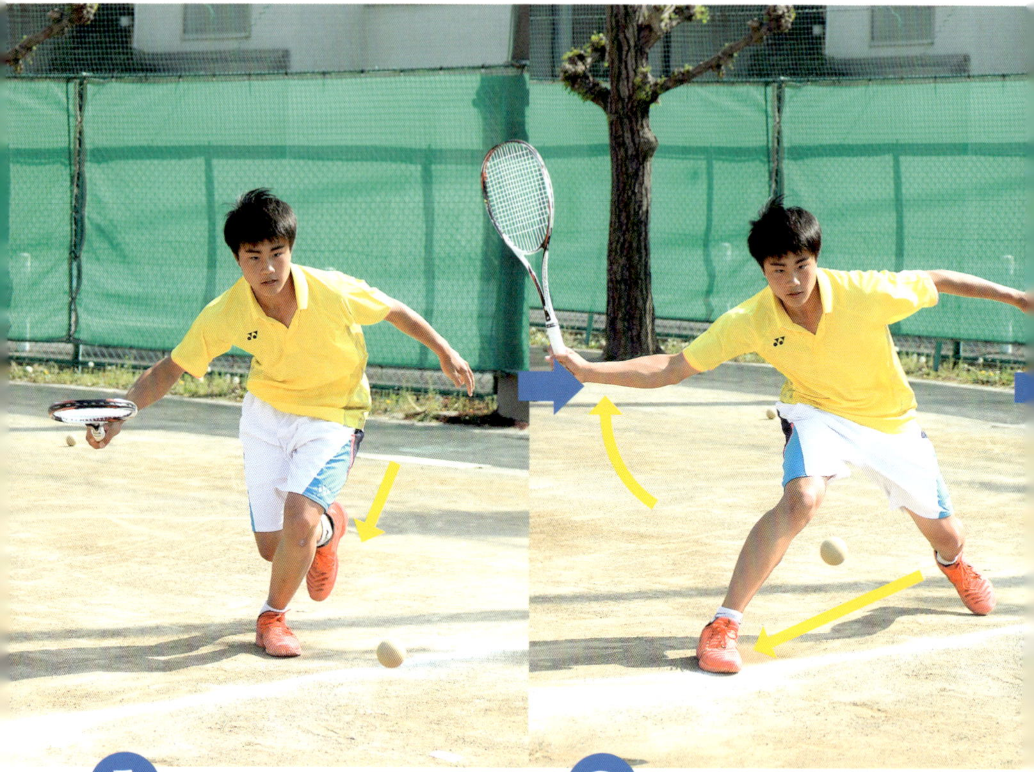

1 距離を詰める

クロスステップでボールを追いかける。

2 足を広げてテークバック

思い切り足を広げてスタンスをとりながらラケットを振り上げる。

テークバック時のラケットが低い

スプリットリカバリーショットは体全体を使って打たなければならない。テークバック時はラケットを大きく振り上げる。

外に弾かれた強いボールを打つときに使うのがスプリットリカバリーショットです。両手両足を思い切り開いて、体全体を使ってボールをとらえます。ボールを追いかける勢いで体が流れることなく、両足の間の位置に頭を残しておくのがポイントです。

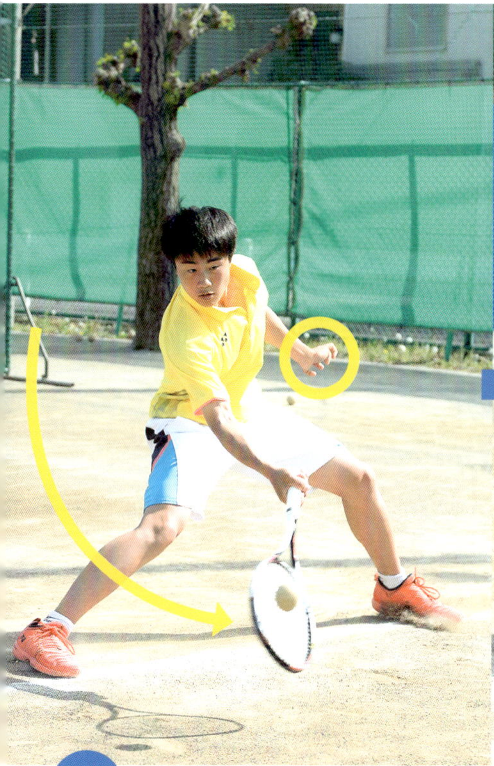

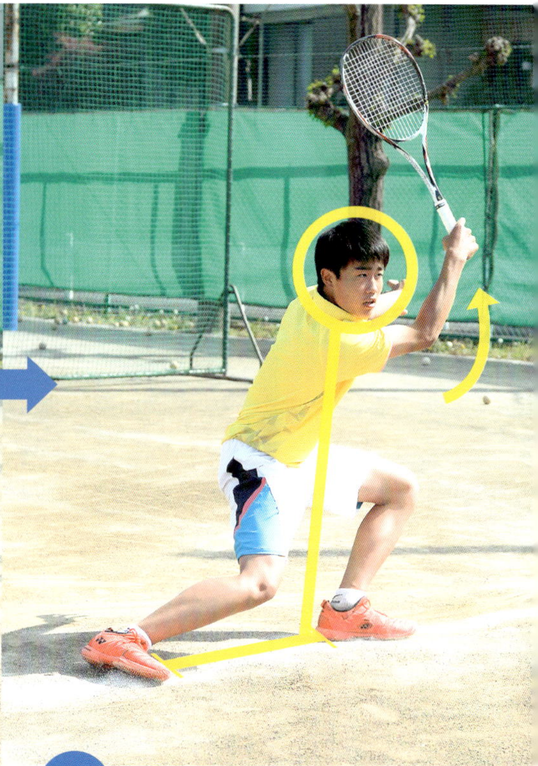

3 インパクト

左手を上げてリーチを伸ばしながら打ち返す。

4 フォロースルー

ラケットを振り抜く。頭が両足の間の位置に残るよう踏ん張り、体勢を整える。

左手を上げてリーチを伸ばす

打つ瞬間に左手を上げると、右手のリーチが伸びる。リーチが伸びればより遠くにきたボールも拾うことができる。

ねらい ▶ 深いボールをミスなく返球

10 ディフェンスストローク③ ペンギンストローク

1 テークバック

ヒザを曲げて腰を落とし、大きくラケットを振り上げてテークバックする。

2 スイング

軸足からもう一方の足に重心を移動しながらコンパクトにスイング。

こんなイメージ

低い位置で打つ

なるべくコートから離れずに済むように、ベースライン際でバウンドしてすぐの高さを狙って打つ。

コーチからのアドバイス

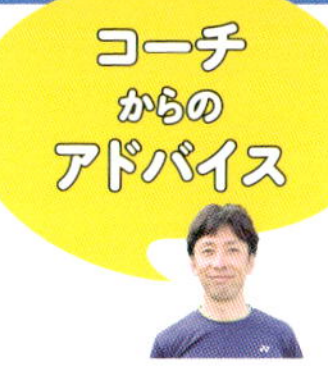

ペンギンストロークは、相手が深いボールを打ってきた場合に使う技術です。攻められているときは普通にフォロースルーしているとミスしやすくなります。打ったら、ヘッドをコンパクトに振り抜いてなるべく早くフォロースルーします。

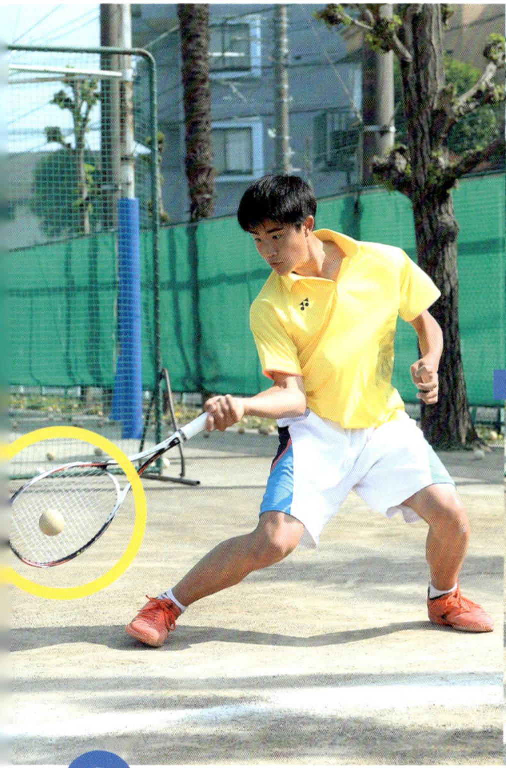

3 インパクト

ラケットのヘッドを低くしてインパクト。

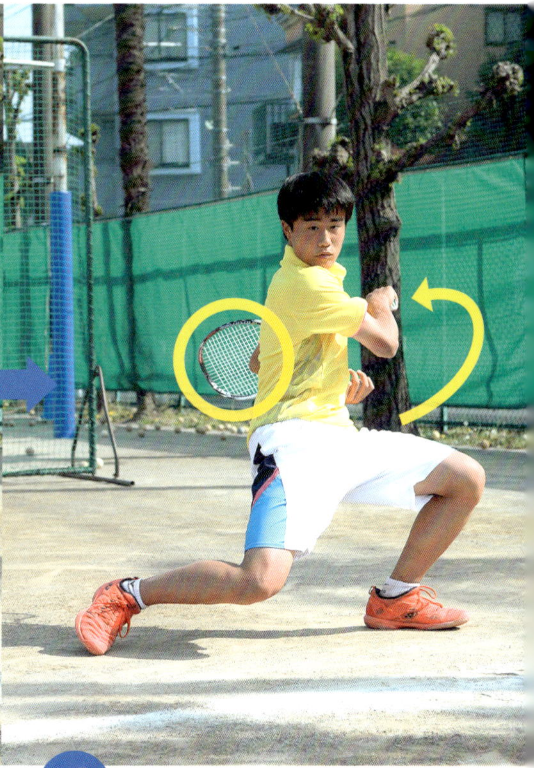

4 フォロースルー

小さく、素早く振り抜いていく。

こんなイメージ

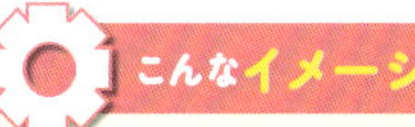

ヘッドを巻きつける

腰あたりにヘッドを巻きつけるようなコンパクトなフォロースルーを心がける。

ねらい ▶ 相手のサービスにタイミングを合わせる

ディフェンスレシーブ

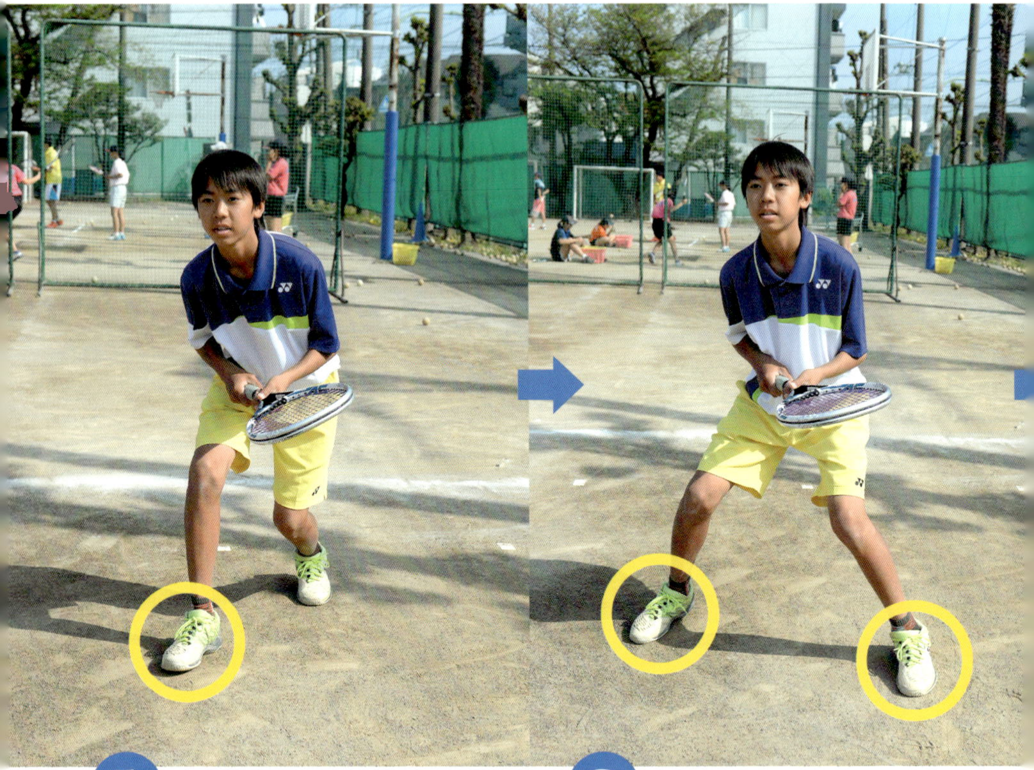

1歩踏み出す

相手のトスに合わせて片足を1歩前に出す。

両足で地面を踏む

相手がインパクトした瞬間に両足で地面を踏む。

こんなイメージ

1歩目の足で跳んで着地

相手のトスで片足を踏み出し、2歩目を踏み出しながら最初の足で跳んで、相手のインパクトに合わせて両足で着地する。

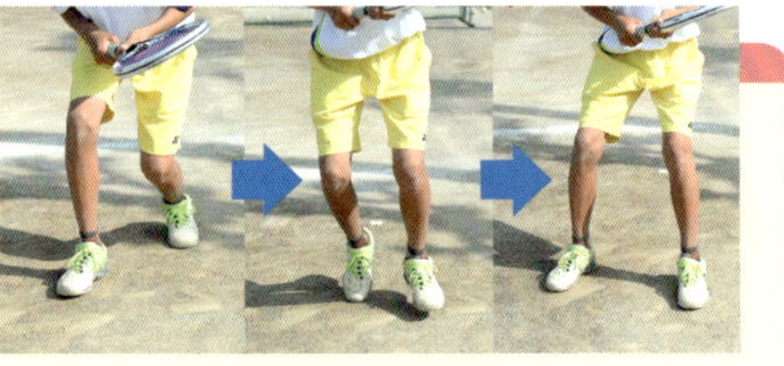

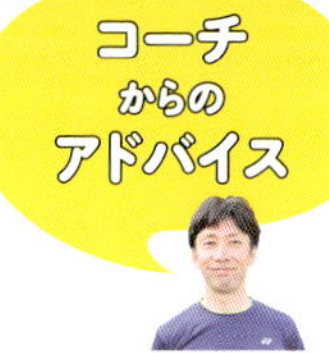

コーチからのアドバイス

相手サービスに対して1歩目を早くすることができれば返球の確率が上がります。スプリットステップを応用し、相手のトスに合わせて片足を1歩前に、インパクトに合わせて両足で地面を踏むことで、相手のタイミングに合わせたレシーブができます。

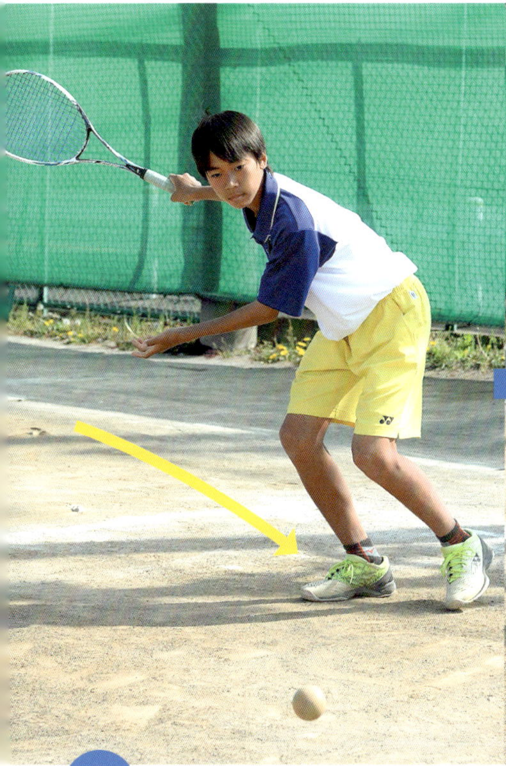

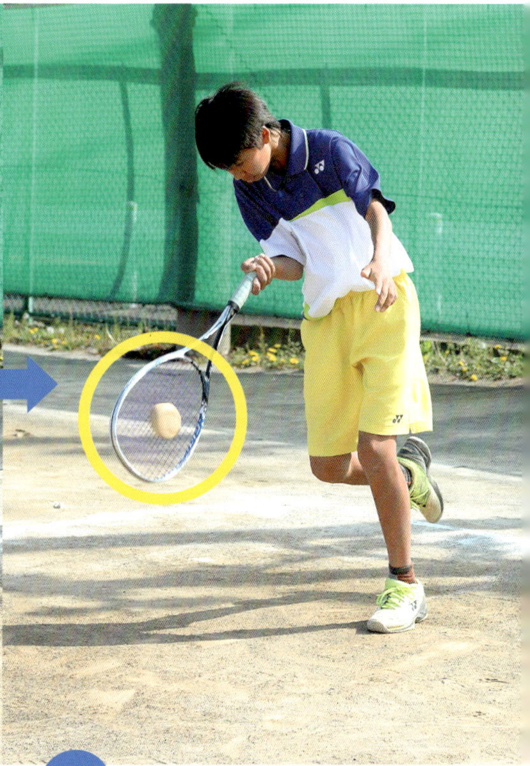

3 落下地点に移動する

素早くボールの落下地点まで移動する。

4 返球する

通常のレシーブと同様に返球する。

こんなイメージ

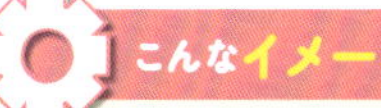

フォロースルーも気を抜かない

通常のレシーブと同じく、インパクト後はそのままの勢いでラケットを振り抜き、体勢を整える。

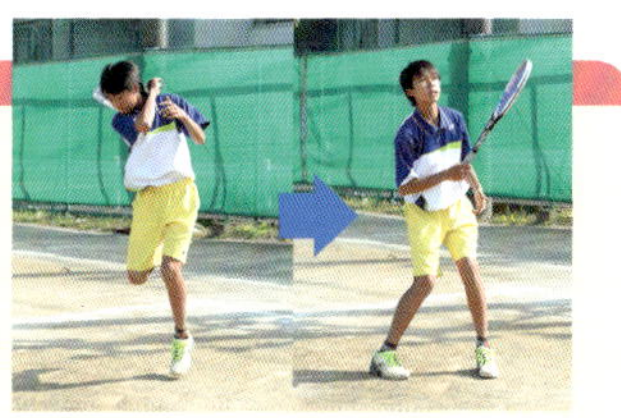

コラム 3

自分で考えて行動することの大事さ

ある全国大会の最終選考会に、清明学園の選手が多く残ったことがありました。しかし、選考会前日、私が別の用事のため練習から外れると、選手たちの数名は私がいなくなったのを良いことに遊んでいました。そして翌日、その遊んでいた選手は、当然のことながら選考から漏れてしまいました。

私は「なぜ彼らは選考会前日の大事な時間帯に高い意識で練習に取り組むことができなかったのか」を考えました。そして、「もっと自分たちで考え、行動するという大切な時間を与えておけば、こんなことにはならなかったのではないか」と反省しました。

自分から積極的に行動できる人間は、その時点で強くなる芽が根づいているとも言えます。本来指導者は、その根づいた芽に水をやり、やがて大樹へと育てる存在なのです。

いかに普段の練習から自発的に取り組むことができるか。それが、心を鍛えてより上達を目指す上で大切な要素です。当然ながら、人間の目に見えない心を鍛えることに、正しい答えがあるわけではなく、その方法は1つではありません。しかし、自立をうながすため

に、私は清明学園の生徒を指導する際には、次の２点を大切にしています。

①教えすぎないこと

②自分たちで決めさせること

（練習内容・練習時間・休日・団体オーダーなど）

練習内容や時間、団体オーダーを決めるという行為は、自発的な行動の第１歩だと考えます。指導者と選手との考えに違いが生まれることもありますが、お互いにその差を感じることも大切です。いま、自分自身が自発的な行動をとれているかどうか、一度見直してみましょう。

もし、指導者に言われるがまま練習をしているというのであれば、紹介した２つのポイントを参考にして、練習環境を作り直してみてはどうでしょうか。自分のなかに「強くなる芽」を根付かせるのはあなた自身です。

Chapter

5

基本戦術の練習メニュー

ただ打つことがうまくても、勝てないのがソフトテニス。
相手との駆け引きで試合を有利に運ぼう。

ねらい ▶ 2人で1本を決める

01 後衛サービスからの攻撃①

「2人で1本を決める」というソフトテニスの特徴を一番体感できるのが、この3球目攻撃です。味方後衛が強いサービスを打ち、相手後衛のレシーブするコースを限定させて、味方前衛がポーチボレーで得点を決めます。典型的攻撃パターンです。

1 サービス

味方後衛がフォア側から相手後衛に向けて速いサービスを打つ。

2 狙い通りのレシーブ

相手後衛がレシーブ。速いボールで崩されているため、コースが中央になりやすい。

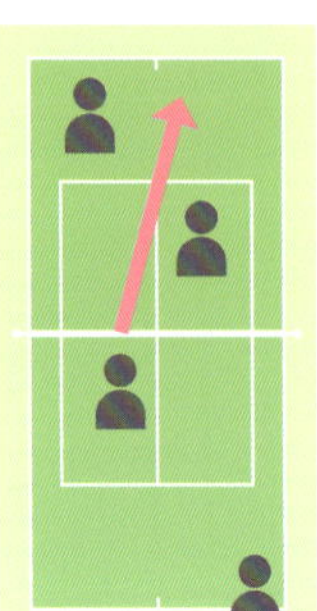

3 ポーチボレー

レシーブのコースが限定されているので、味方前衛はクロス方向へ移動してポーチボレーで決める。

ねらい ▶ 1人で崩して1人で決める

02 後衛サービスからの攻撃②

味方後衛が良いサービスを打つと、レシーブがチャンスボールになる確率が上がります。そのチャンスボールに対して強いボールを打つと見せかけ、相手前衛がスペースを埋めようと端に寄ったら、センターに打って２人の間を通します。

1 サービス

味方後衛が強いサービスを打つ。

2 レシーブが浮く

相手後衛がレシーブ。サービスが良いために浮いたボールを返球してしまう。

3 センターに狙い打ち

強いボールを打つと見せかけて相手前衛を動かし、スペースのできたセンターにボールを打ち込んでいく。

ねらい ▶ 相手後衛を崩して追い込む

03 後衛サービスからの攻撃③

相手後衛を追い込む攻撃です。サービスを厳しく打ち込み、相手の返球を甘くします。それを深く低いロビングで返し、相手後衛が崩されてバックハンドで打つしかなくなったら、返球された甘いボールを味方前衛がスマッシュで決めます。

1 サービス

強いサービスを打って相手後衛の返球を甘くする。次のボールで相手を動かす。

2 クロスのレシーブ

崩されて苦しい相手後衛は立て直す時間が欲しいので、クロスにボールを返球してくる。

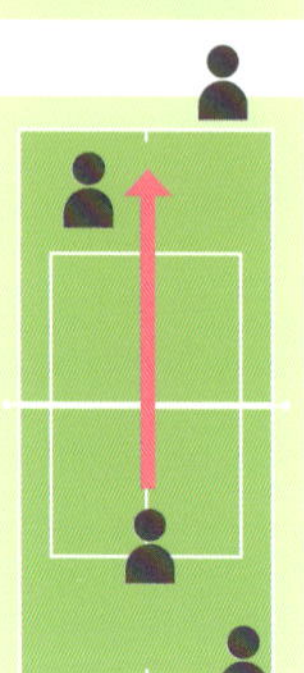

3 スマッシュ

返球された甘いボールを味方前衛がスマッシュして得点につなげる。

ねらい ▶ 4点目を奪って試合を有利に

04 前衛サービスからの攻撃①

コーチからのアドバイス

このパターンは、ゲームを左右する「4点目」の場面で有効です。厳しいコースにサービスを放って甘い返球を誘い、そのボールを味方前衛がクロスの短く低いボレーで返します。バックハンドで返球するのが難しいため、得点につながります。

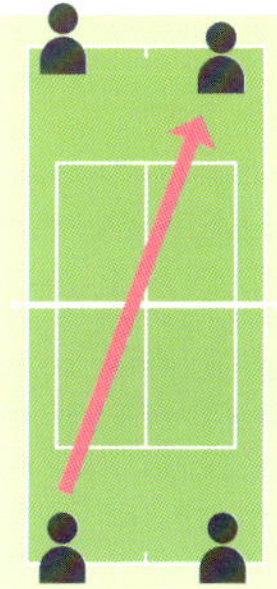

1 サービス

味方前衛が厳しいコースに強いサービスを打つ。

2 甘く浅いレシーブ

良いサービスを打たれたのでレシーブが甘く浅いボールになる。

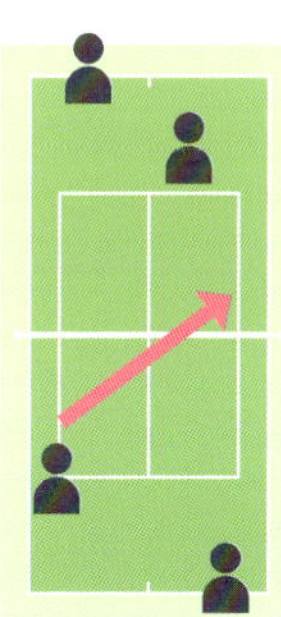

3 バック側に短いボレー

相手がバックハンドになるように、クロスにショートボールを入れる。

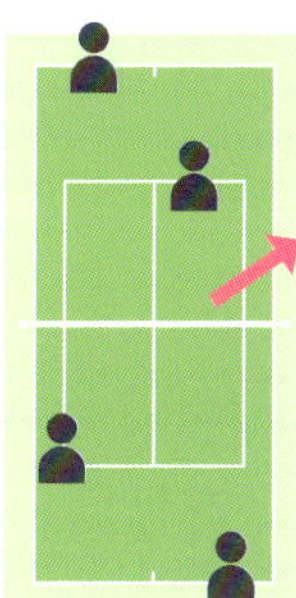

4 ミスを誘い得点

ショートのローボレーをバックハンドで返球するのは難しく、ミスから得点につながりやすい。

ねらい ▶ ピンポイントを狙う

05 前衛サービスからの攻撃②

コート内には狙えば得点の確率が上がる場所があります。ここではその１つであるサイドラインからサービスサイドラインの延長線の間、幅1.37メートルの部分を狙い打ちます。狙うのは非常に難しいので、練習で精度を上げておきましょう。

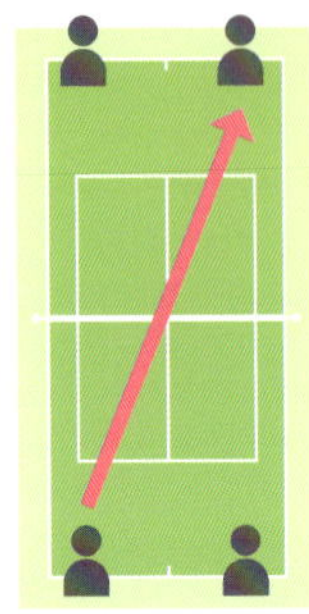

1 サービス

味方前衛が強いサービスを打つ。

2 レシーブ

甘いボールが返球される。

3 ポイントを狙い打つ

味方後衛はすぐさま両足をコートに入れて距離を詰め、厳しいコースにボールを打っていく。

4 ミスを誘い得点

最も取りづらいコースを狙われたため、ミスが出やすく得点につながる。

06

前衛サービスからの攻撃③

サービスをして３球目で崩し、５球目で決めることを「５球目攻撃」と言います。相手の甘いレシーブを味方前衛が回転量の多いボールで相手前衛の上を通し、相手を崩します。それまでは強いボールを打っておき、相手の読みを狂わせます。

1 サービス

味方前衛が強いサービスを打つ。

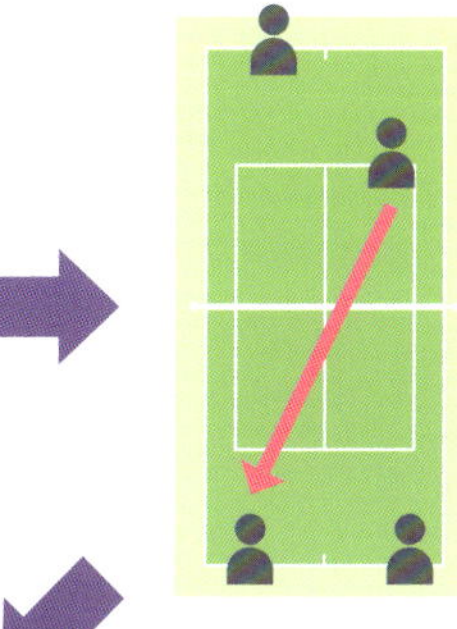

2 レシーブ

甘いボールが返球される。

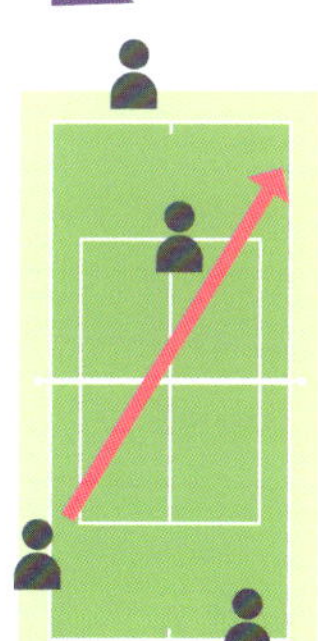

3 前衛の上へ打って崩す

強いボールを打つとみせかけて、回転量の多いボールで相手前衛の上を通していく。

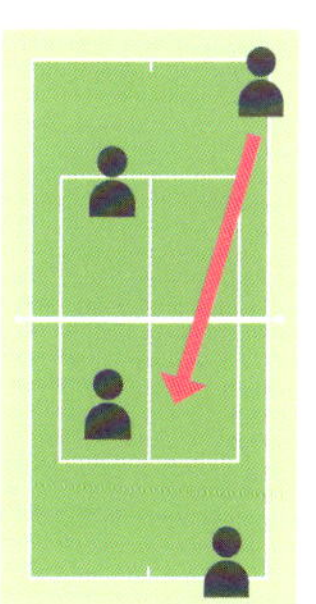

4 甘い返球

相手後衛はバックハンドで打たなければならないので、甘い返球になる。

5 スマッシュ

甘い返球に対して強いスマッシュで得点していく。

ねらい ▶ 甘いサービスを攻撃する

07 後衛レシーブからの攻撃①

相手がサービスのときは、少しでも甘いボールであればすぐ攻撃に転じることを心がけます。このパターンでは、相手後衛の甘いサービスに対して、味方後衛がクロスに打ち返すと思わせつつストレートに打って得点を奪います。

1 サービス

相手後衛が甘いサービスを打ってくる。

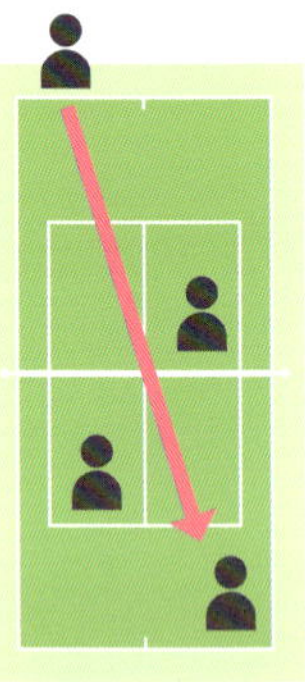

2 クロスに見せかける

味方後衛はしっかりと構えて、クロスの長いコースに打つとみせかける。

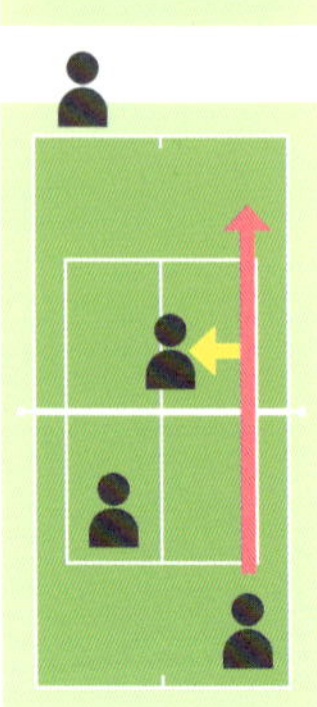

3 ストレートに打つ

相手前衛はクロスのコースを埋めようとセンターに寄る。空いたスペースにストレートでボールを打ち込む。

ねらい ▶ 前衛の逆をついて後衛を崩す

08 後衛レシーブからの攻撃②

相手サービスに対して、味方後衛が前に詰めて構え、相手前衛を誘導します。さらにこのとき、相手前衛の右肩を狙ってセンターに打つと、相手後衛も崩せます。バックハンドの甘いボールを打たせて、攻撃のチャンスを作りましょう。

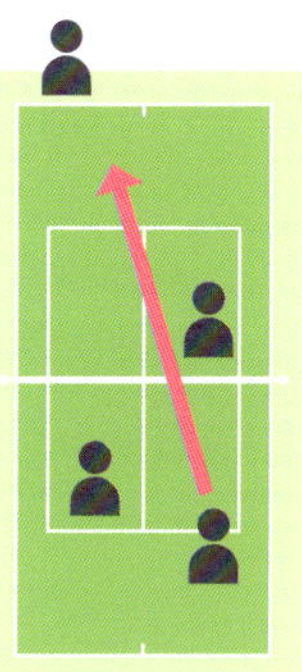

1 レシーブ

味方後衛は前に出て構えておき、相手前衛をサイドへ動かす。相手前衛の右肩を狙って、センターにレシーブする。

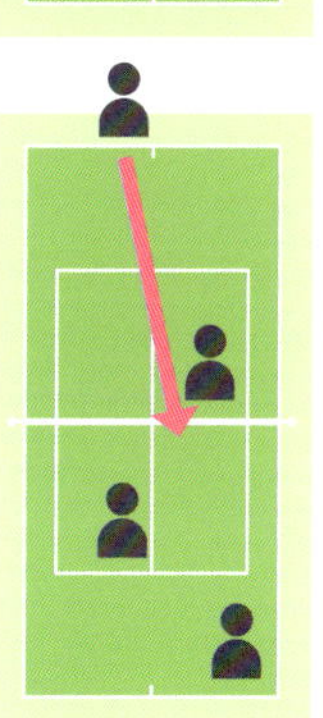

2 崩し

相手後衛は崩されてバックハンドでの返球になる。

3 スマッシュ

甘い返球を味方前衛がスマッシュ。味方後衛はカバーにまわる。

ねらい ▶ コートを立体的に使って崩す

09 後衛レシーブからの攻撃③

相手サービスを味方後衛が外側に向かって打ち出し、相手を走らせます。崩された相手後衛が甘いボールを返球したら、今度はストレートのロビングで再び相手後衛を走らせて崩します。返ってきたボールを最後はセンターに打ち、得点を奪います。

1 レシーブ

相手のサービスを、相手後衛を外側に走らせるようにレシーブする。

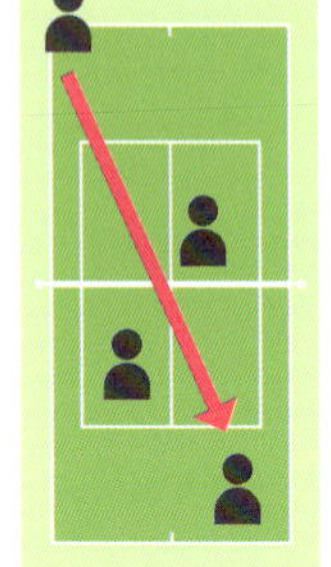

2 崩し

外側に振られた相手後衛は返球が甘くなる。

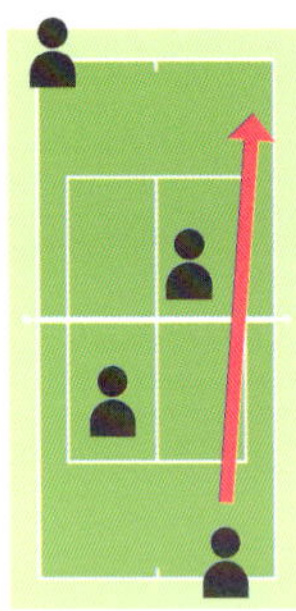

3 ロビング

返球されたボールを今度はロビングでストレートに打つ。

4 崩し

相手後衛はコートの端から端まで走ることになり、崩れたままバックハンドで返球。

5 フィニッシュ

最後は味方前衛がセンターに打ち出して得点を決める。

ねらい ▶ 一撃必殺の攻撃パターン

10 前衛レシーブからの攻撃①

前衛が自ら攻撃の機会を作れるようになると、プレーの幅が大きく広がります。相手サービスを強く打ち返すようにみせ、カットストロークでネット際に打ち、相手後衛のミスを誘います。相手の打てるコースを消しておけば簡単に返せます。

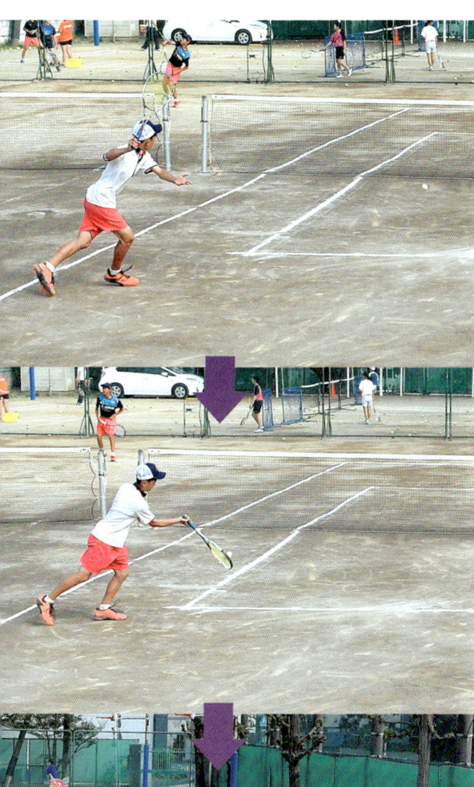

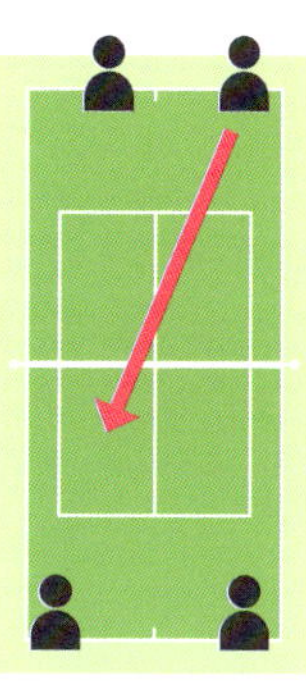

1 崩し

相手サービスに対し、前に詰めて強いボールを打つとみせかける。

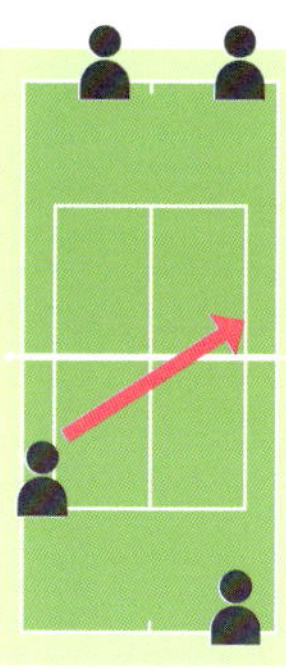

2 カットストローク

相手を足止めしておいて、カットストロークでネット際にボールを落とす。

3 フィニッシュ

相手後衛はなるべく短いボールを返そうと思ってミスが出る。味方前衛は相手の打てるコースを消しておく。

11 前衛レシーブからの攻撃②

この攻撃パターンも、ゲームで大事な「4点目」で有効です。あえて相手後衛のサイドを狙ってレシーブし、崩された相手後衛がセンターに甘いボールを返球してきたところで決めます。崩されて打ったボールはセンターに集まりやすくなります。

相手後衛を狙い、コートの端を狙ってレシーブする。

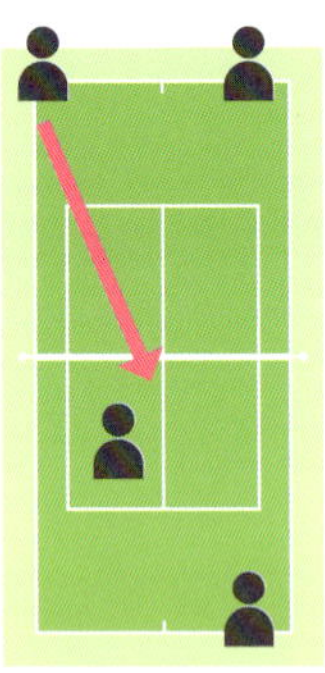

崩された相手はセンター方向に返球してくる。

3 ボールを強く叩く

甘いボールを強く叩いて決めにいく。

ねらい ▶ 相手2人を左右に振って崩す

12 前衛レシーブからの攻撃③

相手を崩して甘いボールを誘うには、左右に走らせるのが効果的です。このパターンでは、レシーブをセンター深くに打つことで相手２人を中央に集めておき、次はコート端に打って再度走らせます。センターへの甘い返球を味方前衛が叩きます。

1 センターにレシーブ

センター深くにレシーブして崩しを仕掛ける。

2 中央に寄せる

相手２人が中央に寄ってボールを打ち返す。

3 コート端に打つ

味方後衛がコート端を狙って打つことで、相手を外に振る。

4 センターに甘い返球

振られた相手は甘いボールをセンターに返球してくる。

5 前衛が叩く

浮いたボールを強く叩いて決めにいく。

ねらい ▶ 相手をバックハンドで打たせる

13 流し方向からの攻撃

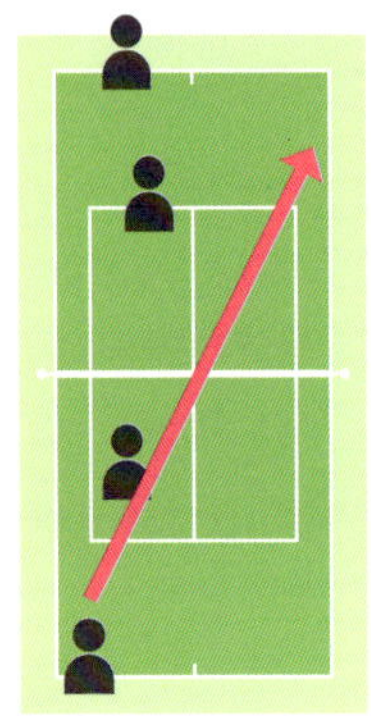

1 後衛へロビング

クロスへのロビングで相手後衛を走らせる。

2 バックで返球される

相手は崩されているため、バックハンドでの甘い返球になる。

3 浮いた球をセンターへ

センター付近に返球された浮いたボールをスマッシュで決める。

こんなイメージ

ロビングで有利不利をなくす

試合の展開が不利だと感じた場合は、一度ロビングで時間を稼ぎ、体勢を整え直すと良い。

右利きなら左方向に角度をつけるのが引っ張り、右方向が流しです。流しからの攻撃にはストレート展開とクロス展開があり、どちらも相手にバックハンドで打たせます。右方向が使えることによって、得点力が一気に上がります。

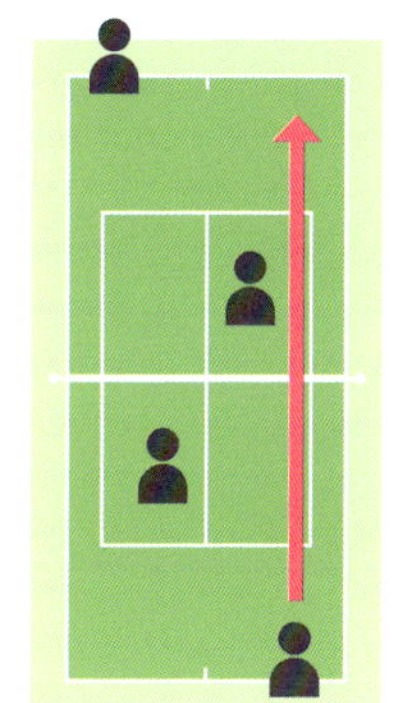

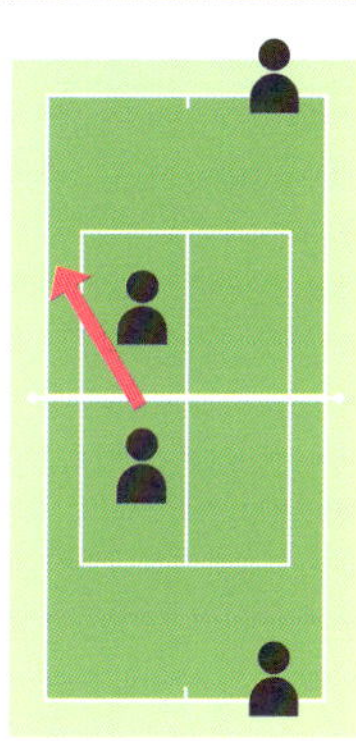

1 後衛へロビング

ストレートへのロビングで相手後衛を走らせる。

2 バックで返球される

相手後衛はバックハンドでセンター付近へ甘いボールを返球。

3 引っ張ってボレー

味方前衛は相手後衛の打つコースを限定させて、ボレーを合わせて得点する。

こんなイメージ

流し方向のコースを埋めて誘う

バックハンドで流し方向に打つことは非常に難しい。味方前衛は流し方向のコースを埋めておくことで引っ張り方向へとコースを誘導し、相手後衛が打ってきたところをボレーで仕留める。

14 カバーリング力アップ

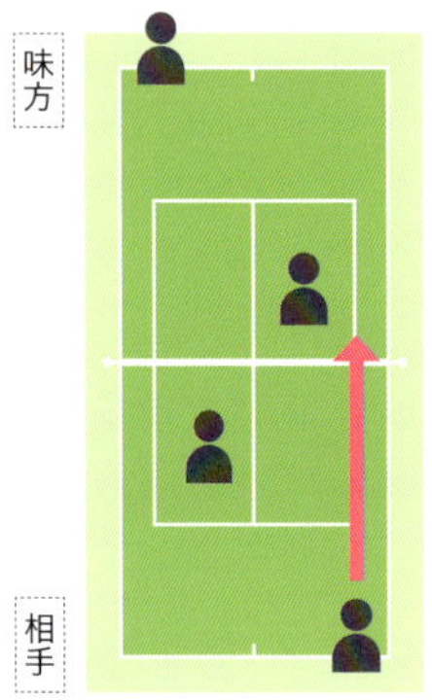

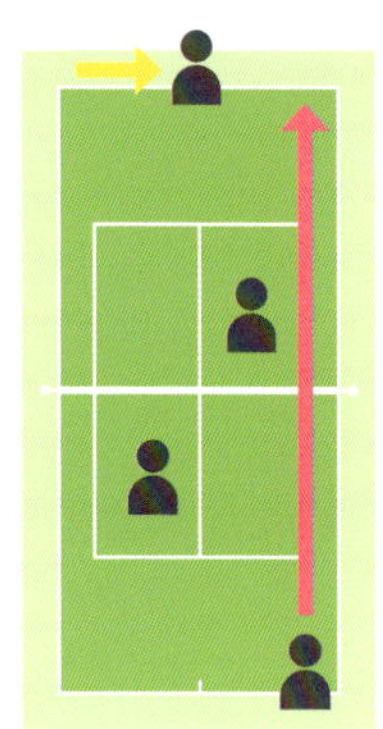

1 相手後衛が振ってくる

相手後衛がクロス展開からストレートにボールを打つ。

2 味方後衛が走る

味方後衛が走りながらできるだけ崩れないように体勢を整える。

3 ロビングで返球

バックハンドで相手コートの深いところにロビングを返す。

こんなイメージ

深いボールを打つ

せっかくボールを打ち返すことができても、相手にとってチャンスボールになってしまっては意味がない。できるだけラケットを振り切って、深いボールを打つことを意識する。

左右に走らされて崩れが生じると、返球が甘くなり相手に得点のチャンスを与えてしまいます。崩れたときのカバーリング力を上げておけば、相手のチャンスを自分のチャンスに変えることができるので、ゲームを優位に運ぶことができます。

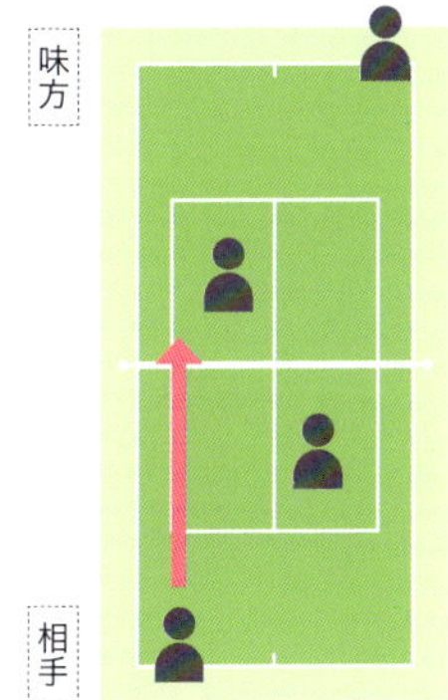

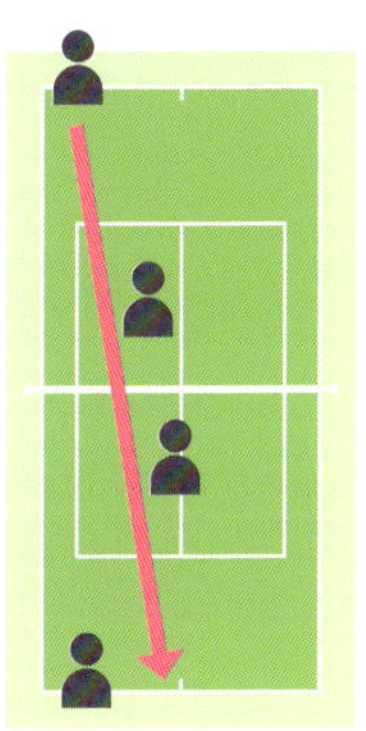

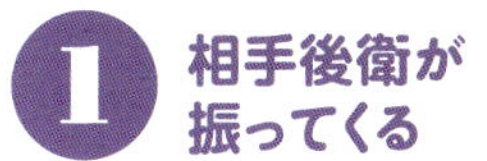

1 相手後衛が振ってくる

相手後衛がクロス展開でストレートにボールを打つ。

2 味方後衛が走る

味方後衛が走りながらフォアで返球できる体勢を整える。

3 返球する

しっかりとラケットを振り抜いて返球する。

こんなイメージ

相手前衛をかわして打つ

バックハンドで打ち返す場合はコースがかなり限定される。そのなかでも、相手前衛がとれない❸のようなコースを狙うことができれば、一気に守りから攻撃へと転じることができる。

15 1人で攻撃

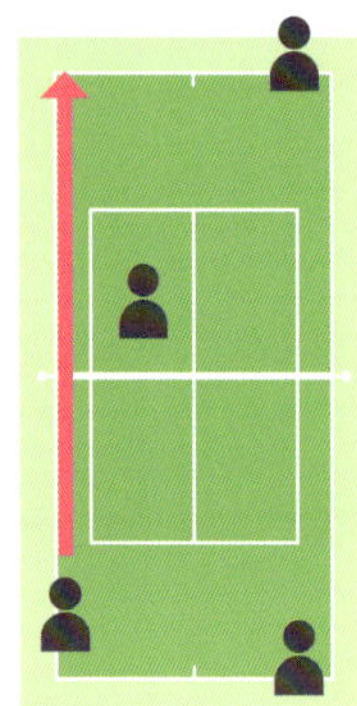

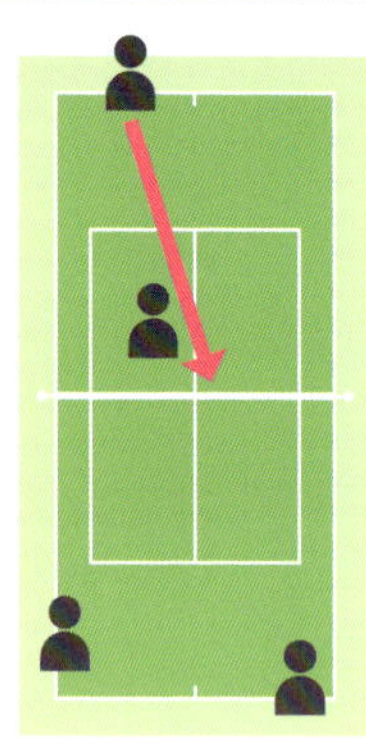

1 スペースを狙って打つ

空いているスペースにボールを打ち込んでいく。

2 相手の体勢が崩れる

相手は長い距離を走らされるので体勢が崩れる。

3 センターに返球される

崩されて打ち返したボールはセンターに寄ってくる。

こんなイメージ

空いたスペースに打って相手を動かす

試合のなかでは、つねにコート全体を把握しておくことが重要になる。空いたスペースに打ち込んでいけば相手は長い距離を走ることになり、体勢が崩れて返球が甘くなる。

２人で１本を決めていくのがソフトテニスの基本ですが、１人ひとりが自分だけで決めきれる力をつけておけば、得点のチャンスを大きく増やすことができます。自分だけで決められるような戦略と攻撃パターンを多く持っておきましょう。

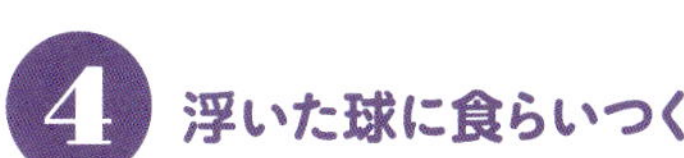

4 浮いた球に食らいつく

浮いたボールの落下地点に移動して構える。

5 打ち込む

空いているスペースに強いボールを打ち込む。

こんなイメージ

崩れて打ったボールはセンターに寄る

厳しいコースを攻めれば相手は体勢を崩して返球することになる。崩れた状態でコースを打ち分けるのは難しいので、自然とボールはセンターに寄りがちになる。

16 カット

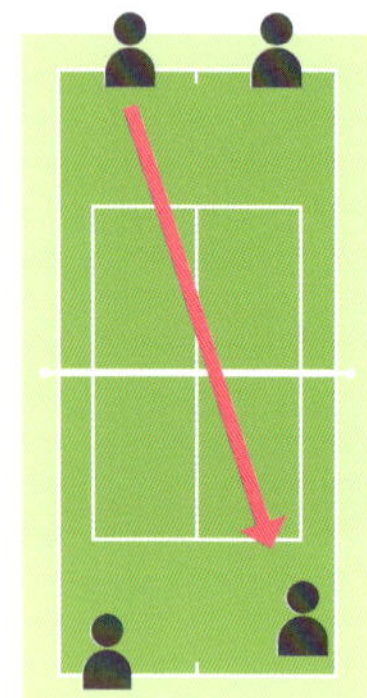

深い返球と見せかける

ラケットを高く上げて、相手に速く深いボールを打つと思わせる。

2 ネット際に落とす

カットストロークで勢いを吸収し、センターのネット際にボールを落としていく。

こんなイメージ

フォームで相手の動きを止める

強いボールがくると思うと、体に自然と力が入って動き出しが遅れる。強いボールを打つフォームからカットストロークに変化することで、相手は対応が遅れてミスをする確率が上がる。

味方、相手ともに下がった陣形のときに、強いボールを打つとみせかけてカットストロークでセンターのネット際に落とします。相手はスタートが一瞬遅れるので浮いたボールを返球することになり、そこに２人で詰め、打ちやすい方が決めます。

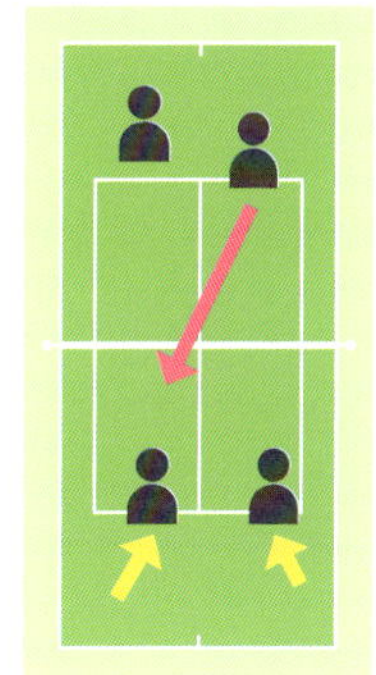

3 ネット際に詰め寄る

２人でネット際に詰めて相手にプレッシャーをかける。

4 浮いた返球を強く叩く

返球を見極めて、打ちやすい方がフィニッシュに持ち込む。

こんなイメージ

逆回転でボールの勢いを吸収

ラケットを上から下へと切るように使って打つことで、ボールに逆回転をかける。順回転のボールに対して逆回転をかけることにより勢いが吸収され、ネット際にボールを落とすことができる。

目標に具体性を持とう

「レギュラーになりたい」「全国大会に出たい」「日本一になりたい」など、選手１人ひとりが掲げている目標はさまざまです。私はつねづね部員が「どの大会でどこまで勝ち進みたいか」を確認するようにしています。

目標が明確になると、そこに向けた努力が加速していきます。言い換えれば、目標が具体的であればあるほど、上達のスピードが上がるということです。清明学園では、大きな試合に足を運んで観戦する機会を多くとっています。その目的は、ゴールを見せてあげることで、今の自分の立ち位置がより鮮明になるからです。とくに上級生が試合に勝って輝いている姿を見れば、「自分も先輩みたいになれるんじゃないか」という思いも生まれ、目標設定に大いに役立つでしょう。私は、そんな瞬間を狙って、次のように声をかけています。

「次は君たちの番だ！」

このひと言で、翌日からの練習がとても気迫のこもったものになっているように思えます。

目標が具体的になると、その目標を達成するにはなにが必要なのかが見えてきます。そして、その必要なものを手に入れるためには、どんな練習をどの程度しなければならないかも分かってきます。細かい目標を設定すればするほど、自分の成長も実感でき、それが喜びへと変わっていきます。モチベーションのアップには効果絶大です。

日々の練習にも、「サービスの確率を上げたい」「あのショットが打てるようになりたい」といった具体性を持たせることはとても大

切です。その１つひとつがレギュラー獲得につながり、試合で勝つことにつながり、そして日本一へとつながっていくのは間違いありません。

できなかったことができるようになれば、誰でもうれしいものです。はじめから「自分にはできない」と諦めるのではなく、まずチャレンジをしてみて、自分の成長を実感してみてください。そうすれば、もっとソフトテニスが楽しくなっていくはずです。

Chapter

6

脱初心者のツボ フットワーク強化

初心者から抜け出すには、ボールを追う力が必要だ。
ラケットに触れながら強化できる練習を紹介する。

ねらい ▶ ボールを打つまでの時間を短縮

01 フットワーク強化①サービスラインとの往復

1 構えてボールを待つ

しっかり構えた状態で球出し役のボールを待つ。

2 ボールを打つ

体全体を使ってボールを打っていく。

これはNG

体の動きを止めてしまう

強くて速いボールに対処していくためには、1歩目の動き出しがとても重要になる。体が止まっていると反応が遅くなり、ボールに追いつけなくなる。

コーチからのアドバイス

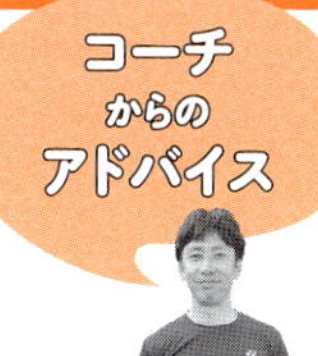

フットワークを強化すると動き出しが速くなり、これまで取れなかったボールが取れるようになるなど切り返し力が上がります。試合中はつねに体を動かして止まっている時間を少なくし、すぐに次の動作に移れるようにしておきましょう。

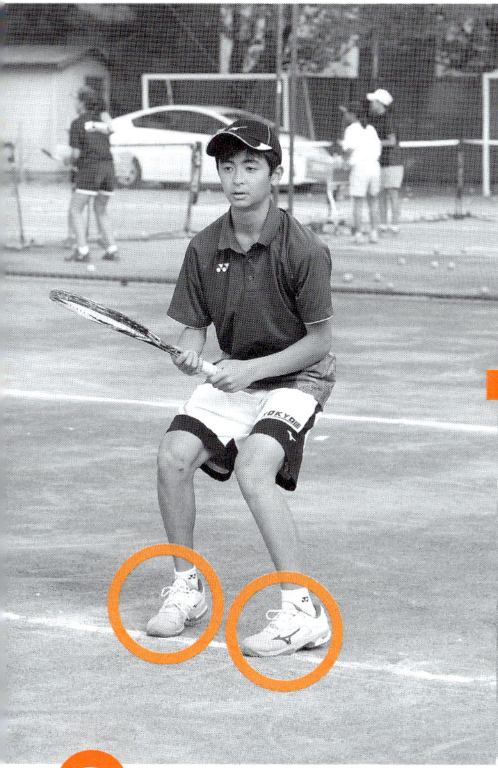

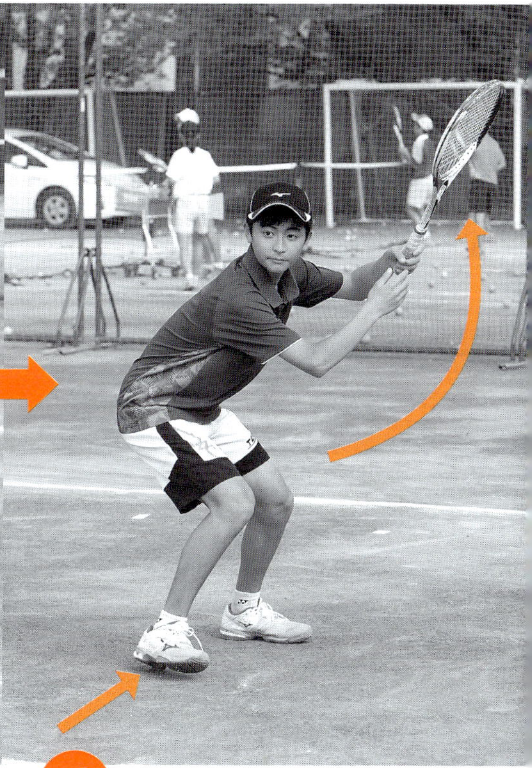

3 サービスラインを踏む

ボールを打ったら素早くサービスラインを踏む。

4 戻って繰り返す

①の位置に戻って体勢を整え、次の球を同じように打ち込む。この動作を繰り返す。

こんなイメージ

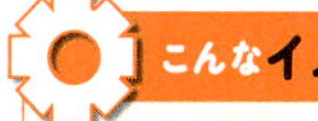

つねにボールを打てる体勢を維持

つねにボールが打てる体勢を維持することを心がける。体勢が崩れていると、せっかくボールに追いつくことができても相手にチャンスボールを与えることになる。

02

ねらい ▶ クロスステップで素早くポジショニング

フットワーク強化②
クロスステップ

1 ボールを打つ

体全体を使ってボールを打ち込む。

2 クロスステップ

前足を軸足に交差させるようにしてクロスステップを踏む。

こんなイメージ

打点に対して半円を描くように動く

打点に対して半円を描くようにしてポジショニングできると、正しい体重移動で強いボールを打つことができる。

コーチからのアドバイス

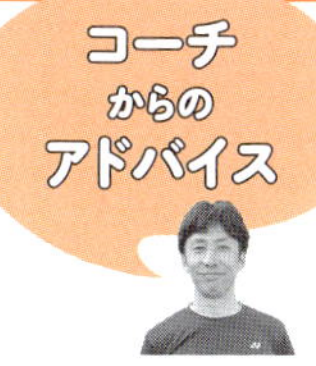

ボールを打ち終えたらすぐに次のストロークへと備えなければなりません。そのときに重要になるのがクロスステップです。クロスステップの１歩が大きければ大きいほど、長い距離を短い時間で移動できるようになります。

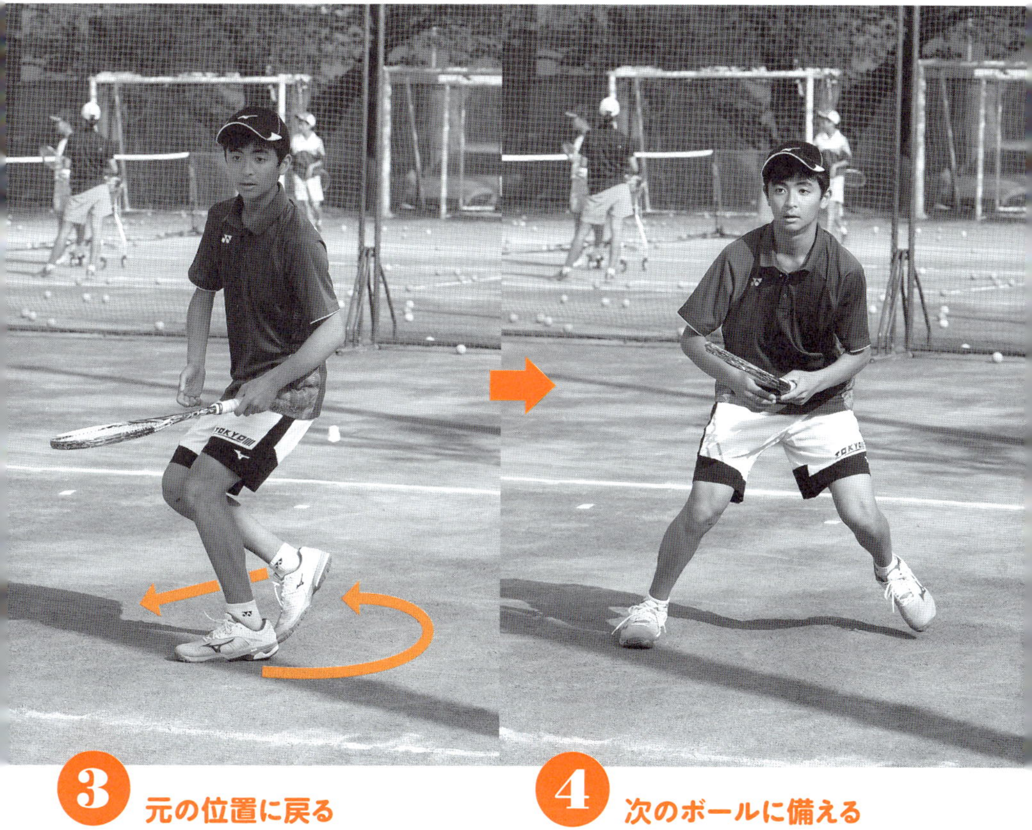

3 元の位置に戻る

軸足を前に踏み出し、前足を半円を描くよう動かして打つ前の位置に戻る。

4 次のボールに備える

ふたたび体勢を整えて次のボールに備える。この動作を繰り返す。

こんなイメージ

打ち終わり=次のストロークへの準備

ボールの打ち終わりは、次のストロークへの準備でもある。クロスステップで素早く移動して体勢を整えれば、余裕をもって返ってくるボールに対処ができる。

ねらい ▶ ストローク練習と筋トレをセットで行なう

03 フットワーク強化③ スクワット

1 ボールを打つ

体全体を使ってボールを打ち込む。

2 元の位置に戻る

打ち終えたら素早く動いて、打つ前の位置に戻る。

これはNG

ヒザの曲げ方が浅い

スクワットはヒザの曲げ方が浅いと効果的に筋力を鍛えることができない。ボールを打った後は素早く移動して、しっかりとヒザを曲げてスクワットをする。

強いボールを打つためにはお尻の筋肉が重要です。ただし、初心者はラケットを握っている時間をできるだけ多く取るため、この練習はスクワットとストロークを交互に行なうことで、効率的にお尻付近の筋肉を鍛えます。

3 スクワットをする

ヒザを深く曲げてスクワットを１回行なう。

4 次のボールに備える

ふたたび体勢を整えて次のボールに備える。この動作を繰り返す。

こんなイメージ

強いボールを打つために筋トレは必須

ソフトテニスの練習だけでは必要な筋肉をつけることはできない。ラケットを持って行なうトレーニングと筋力のトレーニングを組み合わせて、効率的に体の筋力を鍛えていくと良い。

ねらい ▶ インターバルの時間を有効活用

04 フットワーク強化④ アンクルホップ

1 ボールを打つ

体全体を使ってボールを打ち込む。

2 元の位置に戻る

打ち終えたら素早く動いて、打つ前の位置に戻る。

こんなイメージ

リズムをとりながら跳ねる

通常のアンクルホップは１回だが、練習では時間の許す限り何度も行なう。小刻みにリズムをとりながら跳ねると良い。

ふくらはぎの筋肉を鍛えるには、アンクルホップが有効です。ストローク練習に組み込んで効率的に鍛えられるようにしましょう。反射能力が向上し、ボールに対する動き出しが早くなります。

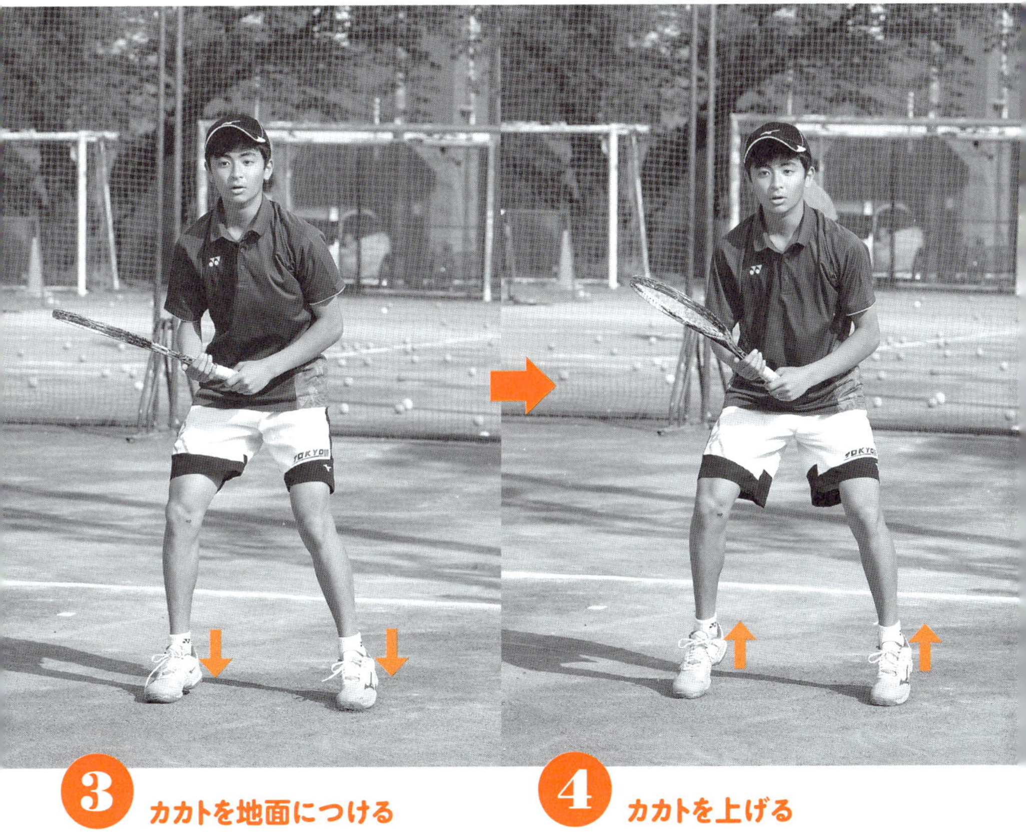

3 カカトを地面につける

スタンスを広げてカカトを地面に着ける。

4 カカトを上げる

カカトを上げる。ボールがくるまでカカトの上げ下ろしを繰り返す。

スタンスが狭くなっている

スタンスが狭いとアンクルホップの効果を充分に発揮することができません。肩幅程度にスタンスを広げてカカトの上げ下ろしをしていきます。

05

ねらい ▶ ネット際の攻防がうまくなる

フットワーク強化⑤ ヘアピンショット

1 サービスラインから走る

2人1組で行なう。球出し役がネット際にボールを落とし、練習者はサービスラインから走る。

2 ネット際に返す

ネット際に落ちてきたボールを下からすくい上げるようにして相手ネット際に返す。

こんなイメージ

ヘアピンショットで前後に揺さぶる

ヘアピンショットの目的は、相手を前後に走らせて揺さぶることにある。得点を狙いすぎるとネットしやすくなるので、相手コートにしっかりと返すことを意識する。

ネット際にきたボールを相手側のネット際に返すヘアピンショットを身につけつつ、下半身強化をする練習です。サービスラインからネット際までの往復を繰り返します。ネット際の攻防が上達し、相手を揺さぶり動かすことができるようになります。

3 元の位置に戻る

ボールを返したらすぐにサービスラインまで戻り、次のボールに備える。この動作を繰り返す。

これはNG

打ったボールが高すぎる

打ったボールが高いと相手に距離を詰める時間を与えてしまい、チャンスボールになる。ネットを越えられる程度の高さをイメージして打つ。

ねらい ▶ 軸足を強く踏む感覚をやしなう

06 フットワーク強化⑥ コーンジャンプ

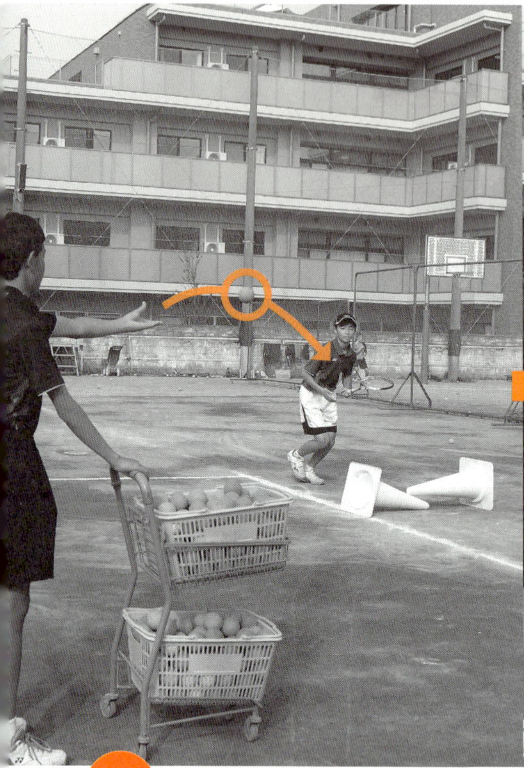

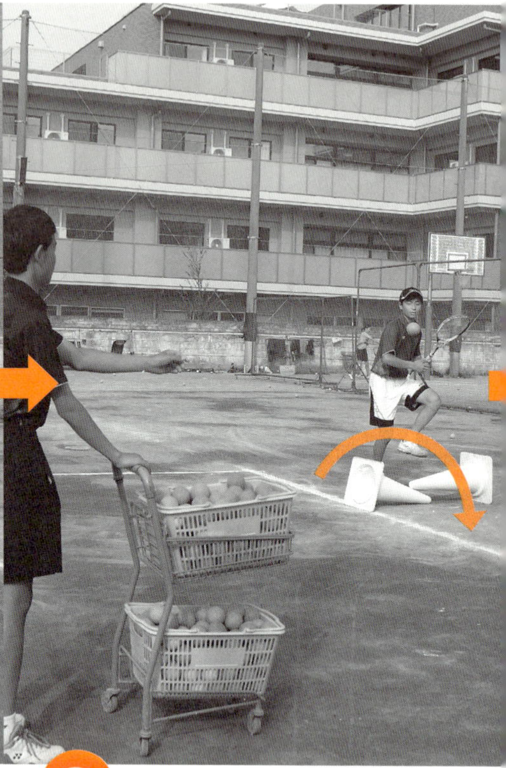

1 コーンの前に球出し

球出し役が倒したコーンの前にボールを出す。

2 コーンをジャンプ

練習者はボールから目を離さずにコーンを飛び越える。

こんなイメージ

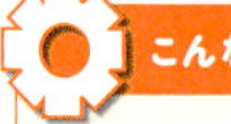

ジャンプで筋力アップ

ジャンプは軸足設定に効果的なだけでなく、筋力トレーニングの効果もある。コーンをただまたぐのではなく、しっかりとジャンプして越えるようにする。

コーチからのアドバイス

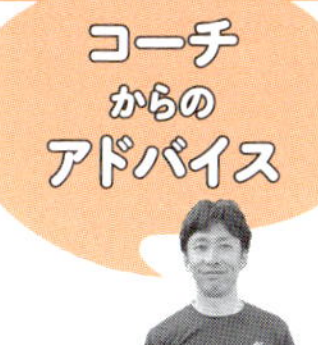

強いボールを打つためには、軸足を強く踏み込まなくてはなりません。この練習では、倒したコーンを飛び越えることで軸足を強く踏む感覚をやしなえます。着地と同時に軸足を決めたら、体勢を崩さずにボールを打ち出していきましょう。

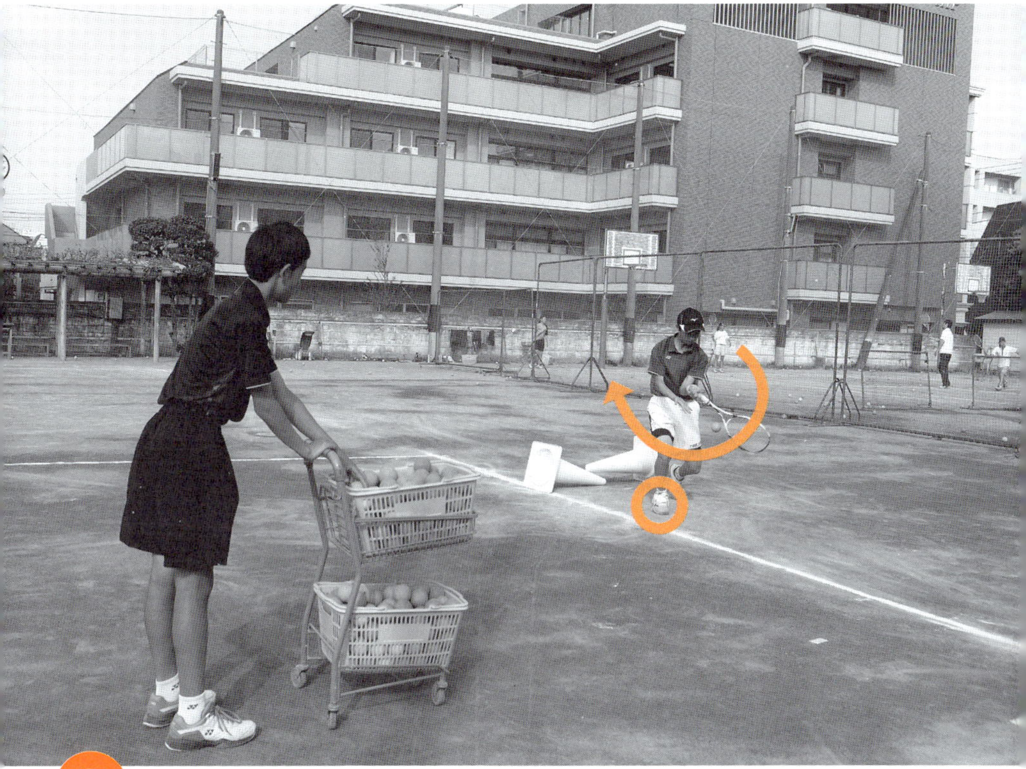

3 ボールを打つ

着地と同時に軸足を強く踏んでボールを打つ。

こんなイメージ

試合でもジャンプしてから打つ

ジャンプしてから打つのは練習だけに限ったことではない。試合でも余裕がある場合に先にジャンプをしておけば、軸足設定がしっかりできて強いボールを打てる。

ねらい ▶ 打った後のリカバリー力アップ

07 フットワーク強化⑦ コーン1周

1 球出し

球出し役は練習者が打ちやすい場所にボールを出す。

2 ボールを打つ

練習者は動きを止めることなくボールを打ち出す。

こんなイメージ

テンポ良く球を出して動きを止めない

試合では動きながらボールをつかまえていかなければならない。球出し役はテンポ良く球出しを行ない、練習者の動きが止まらないようにする。

クロスステップで行なったフットワーク強化練習と同じように、ストローク後にコーンのまわりを１周して元の位置に戻り、ふたたびボールを打つ練習です。打った後の体勢づくりとリカバリー、動きながらボールを打つ感覚の向上に役立ちます。

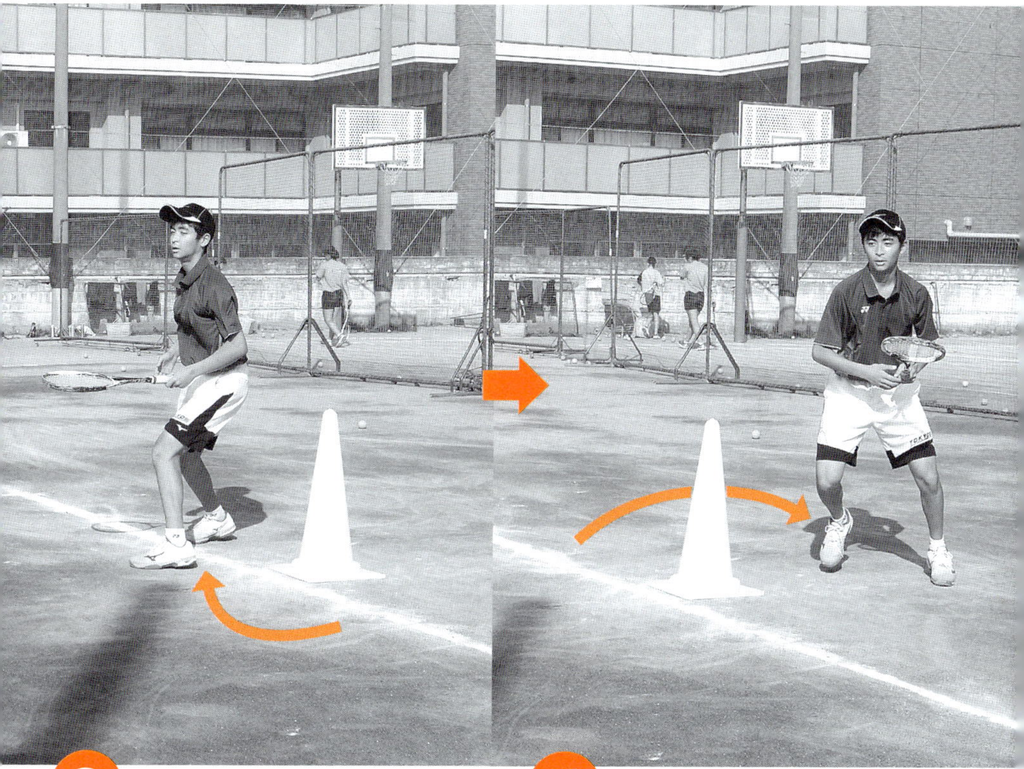

3 コーンの周りを1周

打ったら、素早くコーンのまわりを１周する。

4 元の位置に戻る

元の位置に戻って球出し役が出してきた次のボールを打つ。この動作を繰り返す。

体勢を崩さずにコーンをまわる

ボールを打った後は、体勢を崩さないようにしながらコーンをまわる。体勢が崩れていると、相手がネット際にボールを落としてきたときなどに対処ができない。

コラム 5

自分のサービス確率を知っていますか？

みなさんは、自分のサービス確率をどの程度把握しているでしょうか。ほとんどの人は〝だいたい何％くらい〟という程度の理解ではないかと思います。

とある名門高校に２人の生徒を連れてお邪魔したときのこと。その時期は大会直前ということもあり、高校生に胸を借りるかたちで、２日間にわたって試合形式の練習をたくさん経験させていただきました。私は試合を見ながらスコアをつけていたのですが、清明学園の選手２人のファーストサービス確率が２日間合わせて90％近く

コラム
5

もあり、指導している私自身もとても驚きました。高校生を相手にしているので、セカンドサービスでは相手に主導権を握られてしまいます。２人とも、相当高い意識でファーストサービスを打っていたはずです。

２日間の練習を終えて、私は彼らを前に一番にこのことをほめました。もちろん、彼らが大会での勝利を目指してサービス練習をたくさん積んできたことは知っています。数多くのサービスを打ち込んできて、それが確率という目に見える形で現われたことがとても喜ばしく思えました。

お世話になった方々にお礼を伝えてコートから離れる直前、指導されている先生から声をかけていただきました。

「２人ともファーストサービスがよく入って攻撃からスタートできているから、簡単に負けることはない」

私はこの言葉を聞いて、強豪校や強豪選手はサービスをとても大切にしているのだなと感じました。私も指導のなかではサービスの重要性について口を酸っぱくして言うようにしていますが、他の指

COLUMN 5

導者からサービスの確率とサービスからの攻めについてほめていただいたことは、彼らにとって大きな自信になったはずです。私自身もこの経験を経て、改めてサービスの大切さを痛感しました。

清明学園には、全国で勝ちたいという意欲を持った高校生がよく練習に訪れます。しかし、彼らに普段のサービス確率はどのくらいあるのかを聞いても、誰１人として答えることはできません。それは、自分の力を理解していないのと同じです。

古代中国の兵法家である孫武は、著書である『孫子』のなかで次の一節を書いています。有名な言葉なので知っている方も多いでしょう。

「彼（敵）を知り己（自分）を知れば百戦殆（危）うからず」

対戦相手を研究することも大事ですが、まずは自分の力を理解すること、その１つとしてサービス確率をきちんと把握しておくことはとても意義のあることです。ぜひ、練習のなかでも意識してみてください。

おわりに

本書で紹介したテクニックや練習方法は、ソフトテニスを長く継続していくための基礎基本であり、土台となるものです。とくに初心者は、ラケットを振った数だけどんどんとうまくなっていきます。基礎や基本だからこそおろそかにせず、楽しみながら上達を目指して欲しいと思います。

本書はソフトテニスをはじめたばかりの初心者を対象とした入門書ではありますが、内容は上級者でも取り入れることができるポイントが詰まっています。現代には情報が溢れており、調べようと思えば技術や指導法を簡単に手に入れることができます。選手や指導者によって備えている技術はさまざまですが、とくに本書でも多く紹介した体の使い方に関しては、上級者特有の共通点があります。本書を通して、そのポイントをつかんでいただければと思います。

将来、それぞれのカテゴリーでトップを目指したいと思っている方々は、楽しさよりもつらさや苦しさの方が上回るときが訪れます。そのときは、ソフトテニスをはじめたときの〝初心〟を思い出していただき、ソフトテニスが好きなんだという気持ちを胸に秘めて、一心不乱にラケットを振ってもらいたいと思います。そうすれば必ず、壁を破ってさらなる高みへと到達することができるはずです。

本書がソフトテニスを愛するみなさまの一助となれば幸いです。

著者紹介

高橋 茂

清明学園中学校ソフトテニス部監督
全日本U17女子監督
東京都中体連ソフトテニス専門部男子強化部長

1978年生まれ、京都府出身。国士舘大学体育学部卒業。海城学園講師を経て、清明学園中学校に赴任。それまで区大会初戦敗退の同校ソフトテニス部を監督就任から2年で大田区優勝に導く。その後は2014年全国中学校大会男子個人戦（ダブルス）優勝、2018年には同大会男子団体優勝、第2回国際ジュニア大会男子シングルス優勝を達成した。また、2021年全国中学校大会男子団体で3年ぶり2度目の優勝を飾り、2022年JOC U14男子ダブルス優勝、同年ジュニアジャパンカップU17男子シングルス優勝を遂げている。

撮影に協力いただいた 清明学園中学校ソフトテニス部のみなさん

YONEX

YON

編集制作　ナイスク(http://naisg.com/)
松尾里央、安原直登
取材・執筆　寺岡智之
装丁・デザイン　レンデデザイン
小澤都子
撮影　井出秀人
イラスト　iStock.com/Robert Høegh

目で学ぶシリーズ1
見るだけでうまくなる!
ソフトテニスの基礎

2019年7月31日　第1版第1刷発行
2023年6月30日　第1版第3刷発行

著　者　高橋　茂(清明学園中学校ソフトテニス部監督)

発行人　池田哲雄
発行所　株式会社ベースボール・マガジン社
〒103-8482
東京都中央区日本橋浜町2-61-9 TIE浜町ビル
電話　03-5643-3930(販売部)
03-5643-3885(出版部)
振替口座　00180-6-46620
HP　https://www.bbm-japan.com/

印刷・製本　大日本印刷株式会社

Printed in Japan
ISBN 978-4-583-11229-9 C2075